WHIPPLESNAITH

[英]
惠普尔斯奈思
著

夏杨 译

剑桥夜攀者

THE NIGHT CLIMBERS OF CAMBRIDGE

广西师范大学出版社
·桂林·

JIANQIAO YEPANZHE
剑桥夜攀者

THE NIGHT CLIMBERS OF CAMBRIDGE, by Whipplesnaith
©2013 by Oleander Press
Chinese simplified translation rights©2020 by Beijing Taofen Book Co.,Ltd.
together with the original English title of the Work.

著作权合同登记号桂图登字：20-2017-187 号

图书在版编目（CIP）数据

剑桥夜攀者 /（英）惠普尔斯奈思著；夏杨译. —桂林：广西师范大学出版社，2020.11
书名原文: The Night Climbers of Cambridge
ISBN 978-7-5598-3273-3

Ⅰ. ①剑… Ⅱ. ①惠… ②夏… Ⅲ. ①攀登(登山运动) Ⅳ. ①G881

中国版本图书馆 CIP 数据核字（2020）第 186665 号

广西师范大学出版社出版发行
（广西桂林市五里店路 9 号　邮政编码：541004）
网址：http://www.bbtpress.com
出版人：黄轩庄
全国新华书店经销
广西广大印务有限责任公司印刷
（桂林市临桂区秧塘工业园西城大道北侧广西师范大学出版社集团有限公司创意产业园内　邮政编码：541199）
开本：889 mm × 1 194 mm　1/32
印张：8.75　　　图：76 幅　　　字数：180 千字
2020 年 11 月第 1 版　　2020 年 11 月第 1 次印刷
定价：59.00 元

如发现印装质量问题，影响阅读，请与出版社发行部门联系调换。

黎明攀登新塔。

序言

夹竹桃出版社将发行新版《剑桥夜攀者》，我深感欣慰[1]。过去二十年来，我在很多书店搜寻这部广为人知的作品，却一直难觅其踪。当初我的儿子安德鲁送我此书第一版，惜于1999年水淹而损坏。幸运的是，肯特郡小斯陶尔旧书店的科林·巴顿帮我在加拿大寻得一本。夹竹桃出版社重出此书，并用现代技术增强书中原稿照片效果，众读者有望享受此书新面貌。

《剑桥夜攀者》成书于20世纪30年代，作者惠普尔斯奈思，是我的父亲诺埃尔·H. 赛明顿（Noel H. Symington）用过的笔名。书中许多照片中都留下了他攀爬的身影，礼拜堂的那些照片尤为清晰。他还有个别号叫"蝴蝶收藏家"。他在拽着绳索往下爬的时候，弄伤过自己的双手。他的左手

---

[1] 此处指本书所采用的 *THE NIGHT CLIMBERS OF CAMBRIDGE*（《剑桥夜攀者》）最新英文版本，2007年由英国夹竹桃出版社出版。——编者注

一直未能完全康复,天气一冷就会失去知觉。

对于父亲那些胆大包天的夜攀行动,他从不多言,也从未向我提过其他夜攀者姓甚名谁。可是我知道,参加过1953年珠峰探险的威尔弗里德·诺伊斯也是我父亲那个时代的一名剑桥夜攀者。在我的印象中,他们二人从未一起合作攀爬过。我也从未就此话题追问过父亲,如今想来颇为遗憾。

我的父亲在拉格比读书时患过风湿热,导致心脏不好,这让他永远无法成为伟大的登山家。但他曾数次攀登过肯尼亚山,其中有一次还与当时的第一夫人一道登上山顶。另外,那也是首次有一位黑人参加的肯尼亚山登山行动。

我的父亲于1970年5月去世,享年五十六岁。

伊恩·赛明顿,2007年

"前人之所为，后人亦敢为之。"

——扬[①]

[①] 杰弗里·温斯罗普·扬（Geoffrey Winthrop Young, 1876—1958），英国登山家，同时拥有诗人、教育家、作家等多重身份。他也是本书中多次提到的《三一学院攀爬指南》（1899）的作者。扬作为夜攀剑桥的先驱者，在这部作品中记述了夜攀经验之谈，帮助和激励了众多后来者，这部《三一学院攀爬指南》也被剑桥夜攀者们奉为圣典。——编者注

目录

Contents

序言 // 01

第一章
作为铺垫 // 001

第二章
爬进去 // 007

第三章
新手须知 // 017

第四章
排水管 // 027

第五章
外墙凹槽 // 035

第六章
老图书馆 // 043

第七章
各处转转 // 061

第八章

圣约翰学院 // 101

第九章

圣约翰学院礼拜堂 // 127

第十章

彭布罗克学院 // 139

第十一章

三一学院 // 149

第十二章

国王学院与克莱尔学院 // 179

第十三章

国王学院礼拜堂 // 201

第十四章

再探国王学院礼拜堂 // 235

第十五章

该说再见了 // 255

致谢 // 267

第一章

作为铺垫

"整夜整夜都听到他在檐槽上转来转去的声响。"

——《巴黎圣母院》

夜攀事业本无历史，故而无法陈述，但历代皆有夜攀屋顶之人，此事亘古皆然，少有变化。历史是变化的，各种大事穿插各个历史时期，使其不再单调无聊。然而，夜攀屋顶之事，假如有人能够撕下裹于其外的夜幕，以使世人目睹它的原貌，不过是一系列彼此之间没有关联的攀爬事件而已。这些事件之间没有延续性，或者说，这些事件之间没有延续性的目的与非目的，没有延续性的发展与衰落，没有延续性的目标与分歧，而历史正是因为这些才成为历史。夜攀者攀爬后则溜走，并无后继者循其足迹。夜攀者藏身黑夜的帷幕之中，他们互相看不见彼此，无从得知对方涉险勇气的高低，也几乎没有较量攀爬技艺的可能。铁打的学校流水的学生，这让从事夜攀事业的他们无法形成一个有组织的团体。

夜攀事业缺乏延续性的另一原因，还在于夜攀者本身缺乏超越自身成就的动力。登山者从不缺乏想要征服的更高的山峰，也不缺乏想要征服的更为陡峭的岩壁。但对剑桥的夜攀者来说，除了只有几座建筑因危险难登而少有人涉足之外，其他建筑均无法依照其攀爬难度系数来分个等级。攀爬者经历多次攀爬以后，会觉得自己的技艺并无多少进步，同时也无标准来衡量自己是否进步。

夜攀事业没有历史，还因各种夜攀事件并未留下多少文字记载。夜攀者的个人日记，以及某些短暂存在的夜攀组织日志，无疑存留了他们攀爬的某些文字记录，但这些文字并不为人们所知，不能造福于将来从事夜攀的人。唯一的例外就是多年前某无名氏[①]所作的《三一学院攀爬指南》，这本书帮助了不少前来三一学院的猎奇者，让他们得知了一些少有人知的探险路线。有关攀爬事件的文字记载，对学习攀爬技艺的用处并不大，这些文字只是充当了轶闻趣事的角色，但对将来的攀爬者了解攀爬事件以及攀爬类别，还是有不少好处的。

有关攀爬事业的文献匮乏难寻，其实是很容易理解的。剑桥校方大概纯粹出于人道主义考虑，认为攀爬活动危险，严禁学生从事攀爬活动，胆敢违规者则勒令退学。在这样的禁令威慑下，学生们大多不敢冒险攀爬屋顶，也不敢冒险攀

[①] 本书创作之初，或许是出于保护的心态，此处隐藏了作者信息，但据目前公开资料可知，《三一学院攀爬指南》的作者正是杰弗里·温斯罗普·扬。——编者注

爬排水管和外墙凹槽。然而，禁果分外甜，校方的反对态度反倒让攀爬活动显得格外刺激。要不是因为此项禁令，攀爬活动本身不过是一项体育活动而已。攀爬者为了掩人耳目，只能选择夜间攀爬；而校方禁止攀爬活动，又让攀爬者变成了违禁者。违禁者是没有历史的。

违禁者必须遵守违禁者的法则，做事要小心翼翼，否则就会有麻烦。他要避开校监的夜间巡逻，远离他们凶恶的斗牛犬。如果不小心踩动了某块石头或石板，他还要躲过保安警惕的双眼，免得泄露自己的藏身之处。如果所要攀爬的建筑就在路边，他还要知道巡逻的警察会在何时途经此地。

令人惊奇的是，攀爬者稍有动静就有可能暴露自己的藏身之处，大动干戈反而可能什么事都没有。这是因为在夜色中，发出巨响的音源位置不易确定，巨响本身也不引人注意，窸窸窣窣的动静反倒会引人怀疑。好几年前，有四位攀爬者组队攀爬国王学院礼拜堂，其间失手掉下一截沥青麻绳，发出了轻微的响声，引得一位警察用手电筒往上照了照，差点就发现他们的行踪。最近也有几位攀爬者，同样是攀爬国王学院礼拜堂，他们爬到礼拜堂的两个塔尖上，彼此朝着对方大喊大叫。估计很多人听到了他们的叫喊声，但他们却根本不用担心被人发现。对于攀爬者而言，发出窸窸窣窣的动静才是危险的。

攀爬到屋顶上，万一被人发现了，攀爬者将骑虎难下，如果逃不掉，便只能爬下来向校方"认罪服法"。大多数建筑都有好几条路线可供攀爬者逃离，有些路线对追捕者来说难度太大，使其很难追上攀爬者，可是这种被追捕的感觉总不会让攀爬者感到愉快吧。攀爬者必须时刻保持警惕，以防被人察觉。夜幕起到了很好的保护作用，据我们所知，被校方逮住的攀爬者仅有两位[1]。不少攀爬者被发现以后，虽然差点被逮住，但还是逃脱了。他们的这些惊险经历，事后除了亲密好友，外人很少听说。可以想见的是，当攀爬者惊慌失措地沿着排水管向下爬并往校外溜时，耳边还回荡着保安声嘶力竭的叫喊——"警察！"，这种感觉恐怕永生难忘吧。然而，这样一个攀爬事件记录在了一本日志中，这本日志现在被剑桥一位可敬的老师保存着。

诸如此类被校方发现的攀爬事件偶有发生，为数不多。因为时刻警惕着发生攀爬事件的人，只有学校的保安。拖着疲惫的巡逻步伐的警察往往很友好，他们和攀爬者一样，都不愿打破夜晚的宁静。很多攀爬者在凯旋的路上遇到警察后，还会将其视为知己，大谈自己的丰功伟绩。只要没对学校财产造成什么损坏（这种情况从未发生过），一切都好说。警察很友好。

学校教师也不来找麻烦。有时攀爬者不小心弄出了动静，会惹得某位大龄坏脾气的教师从窗户探出头来，看看发生了什么事，但也仅此而已。也许在他心里，这并不是什么令人发指的罪行，不过是一些学生瞎胡闹，把他吵醒了罢了。

---

[1] "两位"有误，应为"十位"，后文还有几则故事。（本作品中出现的注释若无特殊说明，均为原书注。）

事实上，某些年轻教师也会以攀爬为乐。我们认识的二十多位年轻教师中，有四位经常进行攀爬行动，听说还有另外四位曾成功爬上了国王学院礼拜堂的尖顶。一般认为，那是剑桥最难攀爬的地方。事实上，你的指导老师可能也干过这种事，倘若你能很有技巧地跟他聊到这个话题，也许他还会给你很大的帮助。如果你的运气很不错，他甚至还有可能亲自带着你去午夜攀爬。正如不守戒律的和尚会等到其他和尚入寝后才偷偷溜出寺院，你的指导老师自然也不会向他的同事透露自己违反校规去夜攀的事实。反对攀爬，只是剑桥大学的官方态度而已。

然而，地位尊贵的老师对攀爬学生的同情态度，并不意味着一旦攀爬者被校方逮住，受到的惩罚就会有所减轻。既然大家都知道学校的攀爬禁令，对违禁者的处罚就必须公正。

正因如此，攀爬者的游戏还在继续，但攀爬者对自己的所作所为都不会声张，同好者多半对彼此的身份一无所知。如果攀爬者的功夫不错，就极少会被人发现，但他们的确经常趴在屋顶上。你有可能会在凌晨时分遇见他们，或者在日落之后遇见他们。他们一般身着旧衣，脚穿运动鞋悄悄前行。或许他们正站在哪个黑暗的门口一动不动，仔细打量着打算攀爬的地方。你若途经此地，保准吓你一跳。又或许，你的身旁会突然掠过某位没有戴校帽、没有穿校服的攀爬者，身后紧追着一条凶残强壮的斗牛犬，衔着一顶大礼帽。

这些攀爬者不在少数，但你很少会遇见他们，甚至他们彼此遇见的概率都很小。如同暮色朦胧时分才出来活动的蝙蝠，攀爬者昼伏夜出，静静地开始自己的神秘之旅，又悄悄地回到自己的出发之地。他们从黑夜中来，在黑夜中悄然存在，又在黑夜中无声隐去，不为外人所知。每一所学院里都有夜攀的学生，但即便是同一所学院里的同届生，往往到大学毕业，都不知道对方也有此好。

这些从事夜攀的学生大多没有参加任何登山俱乐部，而且很多登山俱乐部的成员也不从事夜攀。据说有位夜攀者曾拜访了当时剑桥大学登山俱乐部主席，请他参加一次难度颇大的攀爬活动。这位主席客客气气地拒绝道："我可不是飞贼。"这位主席的态度，代表了很多登山俱乐部成员对夜攀活动所持的态度。除非这些俱乐部成员亲身体验过，否则在他们看来，屋顶攀爬容易得就像是室内攀岩，不过是对真正的体育运动的滑稽模仿而已。还有一位声名鹊起的剑桥登山俱乐部成员（一个十九岁的大一新生）也拒绝参加我们的夜攀活动，据说"他从事攀爬的目的是为了寻求独处"。鉴于此，我们可没有勇气问他是否有心参与屋顶攀爬。

但反过来说，我们所知的最有名的屋顶攀爬者也从未参与过登山活动。虽然登山和屋顶攀爬这两种运动都源自人的同一种本能，但是这两种运动的形式却截然不同，成员之间也是泾渭分明，井水不犯河水。为人所知的登山者成千上万，为人所知的屋顶攀爬者却屈指可数。他们就像惊险小说家巴肯笔下的人物，在暴风雨之夜穿越苏格兰的荒野而来，他们离群索居、神秘低调，不为圈外人所知，他们宁愿自己创造惊人之举，也不愿沉浸在别人的冒险故事之中。

第二章

爬进去

"来，阴沉的黑夜，
用最昏暗的地狱中的浓烟罩住你自己……
让青天不能从黑暗的重衾里探出头来，
高喊'住手，住手！'"

——《麦克白》

每一位剑桥屋顶攀爬者开始其违反学校禁令的"罪恶"旅程的第一步，可能都是从想办法爬入学院内开始的。各个学院的大门晚上十点钟就会关闭，将简朴清静的学院生活与外面的世界隔绝开来。值班保安在午夜十二点上床睡觉，如果没有事先从院长或导师等正当途径获得的晚归假条，超过十二点，保安就不会开门了。学生申请晚归假条，获得批准的很少，大多会被拒绝。如果经常申请外出晚归，学生自己都会觉得院方要怀疑自己的动机。没有这个假条，即便你的归校时间在十点至十二点之间，也会被罚点小钱，不同学院的罚款数额规定不一样。

因此,不管是为了省点晚归的进门费,还是想继续当一个受院长宠信的好学生,许多晚归者迟早都会萌生歪心思,想找到一个不那么光明正大的途径爬进学院。他会在内心给自己辩解:何必给院长找麻烦申请晚归呢?何必打扰保安酣睡喊他起床给自己开门呢?他会将师长的谆谆教导统统抛到脑后,开始学坏并研究如何爬进学院。

但他马上就会遇到第一重困难。他会发现,学院为防止学生擅自爬入,已将第一层楼的窗口全部封死。绕着学院走上一圈,他又会发现,学院围栏的显眼处都已装上旋转式的防爬刺钉,如果喝醉以后爬上去,脚下一不小心就会踩转刺钉,刺伤自己的大腿。在剑桥,类似攀爬围栏而被刺钉刺伤这样的小事故,每年都会发生多起。即便是经验丰富的屋顶攀爬高手,也有不少人对付不了防爬刺钉。

因此,晚归的学生只好继续在学院外四处游荡,一会儿瞧瞧这边的侧门通不通,一会儿试试那边的围栏结不结实,想从围栏尖刺中间挤过去。又或者,他会眼巴巴地打量着某根坡度不大的排水管,想通过排水管来越过第一层楼,而后从第二层楼的窗户爬进去。[①]可能以前常有人告诉他爬进学

[①] 我们曾有位朋友想爬进圣约翰学院,苦于找不到便捷的方法,便先爬到圣约翰学院的楼顶,试图从楼顶的天窗或活板窗跳进去。最终他找到了一处可以打开的活板,人吊在上面,往下降了一臂的高度。因为看不见下面的东西,他只能冒险往下跳。就因为那一跳,足有十三块石头被带下来,砸在这处活板窗的正下方,惊醒了旁边一个正在酣睡的男人,所幸没有砸到人。

校很简单,"绝对简单,傻子都能爬进来"。但真等到这个时候,他才会发现还是挺令人生畏的。顺着12英尺①长的排水管爬下来容易,站在下面想要顺着这根排水管往上爬8英尺可就不容易了;而要越过上面的防爬刺钉,更是要求身体关节灵活,并能极好地掌握身体平衡。一边犹豫着如何爬进学院,一边还要警惕四周以防校监来抓人。因为一旦被抓,校方就会勒令退学,那岂不令自己的父母伤心哭泣。

终于历经艰辛爬进学院,晚归的学生心里到底是感到自豪,还是为自己的行为感到羞愧,恐怕连他自己也说不清吧。但几分钟以后,等到这位学生确定自己没被发现,他的内心也就不再犹疑了,并且这之后会经常违禁攀爬入校。这就是初尝夜攀禁果的滋味啊。

学生们的这种乐子,称之为"夜攀活动"恐怕更为合适,这个词要比"屋顶攀爬"好听。"屋顶攀爬"一词总会让人想到这样一幅场景:有人从天窗洞口抵达屋顶,爬行在屋顶一排排倾斜的石板瓦之间,同时心有畏惧地看着屋顶的边缘,留心不要滑下去。在许多人的心目中,屋顶攀爬就是如此。但从实际情况来看,学生们的夜攀活动都是在建筑物的表面、屋顶上方的尖顶和高楼上进行的。晚归的学生以某种违规的便捷方式攀爬回到学院,这种行为并不能称之为屋顶攀爬,只不过是入门级别的夜攀活动而已。

---

① 英美制长度单位。1英尺合0.3048米。——编者注

防爬刺钉。这三排都是旋转式防爬刺钉。

对于大多数晚归学生而言,一旦等他找到某种行之有效的爬回学院的方法,他就会安于现状,别无他求了。只有那些从中发现乐趣的少数人,才会成为真正的剑桥夜攀者。

至于他们是如何喜欢上此项运动,为什么喜欢上此项运动,每个人又有各自不同的情况。或许是因为某位朋友的极力推荐;或许是因为某张头戴学位帽、身着学位服的毕业生在教学楼外拍的应景照片激发了他的想象力,惹得他以攀爬来与之叫板；又或许他所在的那个学院有些难爬，属于要具备一定程度的攀爬技巧才能爬进去的为数不多的几个学院；也可能，是那在深夜之时被人开玩笑地锁在学院外面的人，为了不惊动保安，便想办法沿着某根 30 英尺长的排水管爬上来，翻窗而入，从而爱上了这项运动。

不少人本可以成为真正的夜攀者，但他们认为自己没有这方面的才能，从而犹犹豫豫，没能开始。在他们看来，他们好不容易爬进院内已属困难，要是在夜间攀爬学校其他建筑，岂不是更加困难。也许正因如此，他们会一直犹豫，直到在校读书的最后一个学期，然后跟别人坦白道："我本来一直打算做那种事情，但不知何故又一直没做。"

攀爬者正在翻过围栏，前往老图书馆。

为了避免产生这样的抱怨，最好的办法就是：立即行动起来。在整个剑桥大学，感觉自己喜欢夜攀活动，却又从未真正从事此活动的人，应该不在少数，有好几百号人。对于这种人，对于这种哪怕只萌发了一丁点儿想要攀爬念头的人，我们都要反复对其强调：立即行动起来。一定要做点实事，做好各种安排，选个很好的夜晚，开始你的首次夜间攀爬行动吧。我们说选个很好的夜晚，是指选个无雨的夜晚。对于攀爬者来说，为了避免被人发现，阴天或多云的夜晚是最好的。如果有可能，最好找个多少有点夜攀经验的人，让他带一带你。如果找不到这样的人，那就找个同好的新手，结伴行动。然后你会惊奇地发现，这一切会有多么容易。

有的人恐高，这种恐惧心理挺麻烦，但又最容易克服。患有恐高症的人，一旦想到自己随时都有可能掉下去，顿时吓得头晕目眩，连一些简单的动作都做不了。这种对高度的盲目恐惧，初习者只要先爬一些不太高的、容易爬上去的地方，有过两三次实践，就没事了。

初习夜攀的人，真正麻烦的根源，往往在于自己对待攀爬的态度。他们往往不是对着某个难度不大、易于攀爬的地方，然后想着"这个我能爬过去"，而是对着某些高度吓人、曾被别人爬过的高墙，然后想着"这个地方我永远都爬不过去呢"。如果有人告诉他，某个看似绝不可能爬上去的建筑正是攀爬者的乐园，他会像小孩儿看魔术表演一样，心中想着这真是不可思议，但我可做不来。像这样畏畏缩缩，可能永远都不会迈出第一步。

有过攀爬经历的老手，他们的自负态度也常常会吓跑一些可能刚上道的攀爬新手。因为有过攀爬经历的人，他们常常喜欢夸大其词，稍稍攀爬了个把小楼，就说成攀爬过大厦；稍稍有点攀爬经历，就说成是丰功伟绩。攀爬老手总是喜欢指着某幢大厦，得意扬扬地对新手吹嘘："昨天晚上我们爬到那里去了。"老手们那种自傲的说话方式，高楼大厦给人的心理压力，几乎足以令最勇敢的新手也望而却步。但如果新手看到老手攀爬此幢大厦的具体路线，看他一手一脚地慢慢地爬上去，可能就会意识到，这也并不太难嘛。

实际上，我们基本可以认为，与攀爬者自己的说法相比，真实的攀爬活动要简单得多。新手没有吹牛的资本，没有实际参与过此项活动，就有可能把老手的话太当真。没有参加过攀爬活动的新手要相信，只要他真心想要参与这项活动，掌握起来会很快，与其他活动没有多大区别。老手只是在吹牛，他们又不是超人。新手只要攀爬过五六次，也会获得相当的攀爬水平，哪怕只是攀爬一次，也会很快获得"爬高的天赋"。

有没有这种"爬高的天赋"，大家可以自己做个心理测试。如果你能从离地30英尺的窗户探出身去，心中却不害怕，没有感觉到不安，那就可以说，你具备一定爬高的潜质，稍加训练即可。如果你能抓住窗户内缘，蹲伏在窗台外缘，心中仍然镇定自若，那就可以说，你会进步很快。这些心理测试并不算太难吧？也许并不算太难。然而，即便是如今的攀爬老手，当年也有不少人对上述第二个测试心生畏惧。

身体素质方面，十有八九大家都会合格，甚至这个概率都算低估的了。身材方面最好不要太胖，中等即可。但作为一个想要攀爬的本科生，想来身材也不至于太胖吧。与登山运动相比，屋顶攀爬更加倚重臂力。会让大家感到意外的是，屋顶攀爬又并不需要太强的臂力。只要你在单杠上能用双手引体向上，直至下巴与手齐平，你就可以应付最高难度的夜攀活动了。迄今为止，我们还从来没有听说过攀爬某个建筑，需要攀爬者使用单臂爬上去，也极少听说只能使用双臂攀爬，不能双腿助力的情况。

通常人们所谓的"平衡感"，或更确切地被称为平衡的艺术，其实就是一件熟能生巧的事，与我们"爬高的天赋"密切相关。

所以说，攀爬活动对人的心理素质和身体素质要求并不是很严格。但不少新人还是时常抱怨，即使经历过两三次攀爬，还是没能克服自己的恐高症。这是因为他们刚刚上手时，就选择一些难度过高的攀爬目标。

普通人认为自己处于危险时，总会感到害怕。即便是攀爬老手，在偶尔发生状况的时候，也会感到害怕。对于新手来讲，选择一个对自己来说难度过高的攀爬目标，当然更会感到害怕。他不清楚自己该做些什么，畏畏缩缩之余，心中总想着会掉下去——是背朝下，还是脸朝下地掉下去。除非是意志力特别坚强的人，否则肯定会手足无措，无法攀爬。倘若在同样的境况中，身上系了保险绳，他肯定会信心满满，毫无畏惧。

正是对恐惧心理的克服，攀爬运动才平添了一半的魅力。无论攀爬者的水平有多高，总有一些目标会超出他的能力，让他心生畏惧，直至攀爬者能将恐惧克服，战胜自己。而等待他的将是下一个征服的目标。所以，让我们对新手的态度稍稍强硬一点吧，哄吓欺骗，嘲笑奚落，直至新手能够成功爬上高处的目标。只有让新手明白自己先前的攀爬目标如此简单，他才会意识到自己已经有所进步。对恐惧的克服，会使他和最初一样，感到刺激、兴奋，但更大的困难也在等着挑战他。只要他不是止步不前，而是在这条路上继续走下去，这就是他必须接受的挑战。只要有一次失败，就会有损新手继续攀爬的意愿；而每一次成功，会不断增添新手继续攀爬的信心。

当然，可能也会有从不知畏惧的人，或者意志力、自制力极强而毫不胆怯的人。对这种人来说，他们从事攀爬活动肯定就像小孩儿没事蹦跶两下，纯粹就是一种忘我的享受。他们是热心此项活动的人，即便某个攀爬目标于他们而言不在话下，他们也会从中得到极大的乐趣。夜攀的魅力，是他处不可寻，只在剑桥中的。

第三章

新手须知

"多闻阙疑，慎言其余，则寡尤。"

——孔子

既然下定决心迈出第一步，在开始之前新手总会有一些疑问，第一个就是穿什么的问题。

外套方面，穿哪件旧外套都可以。但如果攀爬外墙凹槽，粗糙的外套可能有点麻烦。穿粗糙的外套，后背容易勾到粗糙的石头表面，妨碍攀爬者向上或向下滑动。如果外墙凹槽还算好爬，那么问题不大；如果外墙凹槽不大好爬，情况就大不一样了，会有很大的麻烦。在难爬的情况下，首选打高尔夫球时穿的夹克。不过，攀爬剑桥的建筑，因外套问题而明显影响攀爬动作的地方并不太多，而且新手首次选择攀爬目标，选到这些难爬地方的可能性也不大。

裤子方面，穿长裤比穿短裤好。在攀爬时，膝盖和指关节起到的作用最大，穿长裤有助于避免刮擦和划伤。至于长裤的裤脚，明智的做法是把它卷起来，否则它有可能会在你最需要集中注意力的时候，勾到你的脚趾或脚跟。短裤没有这样的麻烦，行动稍微自由些，但跟穿短裤容易划伤膝盖比起来，就不值一提了。

剩下的就是鞋子问题，要穿胶鞋。黑色的胶鞋就很好，便宜，在夜色中又不显眼，是每一位想要经常从事攀爬活动之人的必备之物。少数夜攀者同时也从事登山活动，他们喜欢穿着带有齿钉的登山靴，但我们不推荐这种装备。因为如果当天晚上不下雨，穿胶鞋去攀爬，感觉会好很多。而一旦下雨，胶鞋鞋底没什么抓力，这时你最好还是乖乖地爬下来回去吧。下雨天湿滑，赤脚攀爬，脚下的抓力比穿胶鞋还要好一些，而且赤脚也不会有多么痛苦。曾经有一位皮糙肉厚的攀爬爱好者做过实验，他赤脚攀爬了两个月，毫无问题，不过后来他还是决定穿胶鞋去攀爬。甚至到现在，如果让他选择赤脚登山还是穿登山靴登山，他还是更喜欢赤脚。此外，穿登山靴攀爬剑桥的建筑，容易剐蹭到建筑物的石头表面，这与夜攀者想要"雁过不留痕"的想法背道而驰。

攀爬活动中是否使用绳索，是一个争议颇多的问题。绳索不是攀爬的必需品，但它是一种后备资源。人们总是容易将攀爬过程中是否使用绳索，当成攀爬者是否专业的标志。没这么回事。我们应该把绳索视为一种额外的安保措施，只在攀爬者认为困难或危险的地方派上用场。

在绳索的助力之下，攀爬者可以爬上许多剑桥建筑，不带绳索是不明智的，或者说是不可能的。使用绳索的情况通常是，先从更为便捷的通道将绳索带上去，然后在上面把绳索放下来，从而降低攀爬的难度。不过，我们极为反对这种做法。据我们所知，剑桥只有一个地方需要使用绳索。在我们看来，尽量不要借助绳索，否则离开绳索你就什么也做不了。攀爬老手能够带着新手爬上难爬的地方，但如果双方都无意于无绳攀爬，或者做不到无绳攀爬，那就最好不要冒这个险。

绳索的质量要尽量好，登山绳就很不错，它里面有根绳，外面裹了三股红绳，很好辨认，两头也很醒目。绳索越长越好，最好达到或超过100英尺。如果是攀爬剑桥的建筑，多数情况下，40英尺长的绳索嫌短，起码要保证绳索的长度能绑住两位攀爬者，还要保证爬在上面领头的那位手中有足够长度的绳索，将其系到最近的某个索栓上。

当然，只有10英尺或20英尺长的绳索，有时也能派得上用场。不管是往上爬还是往下爬，绳索都应打个特殊的结，拴在先攀爬者腰部以上的位置，再让同伴把剩下的绳索绕在他的肩上。随着攀爬者的不断前进，攀爬者不断从手中放出绳索，但要注意不能让绳索拉得太紧。而且，不要三人同时共用一根绳索。由于大部分都是上下垂直攀爬，领头的攀爬者停止动作以后，后边的攀爬者才能动。这一点非常重要。如果爬累了，领头人可以把绳索绕团收起来，省得靠自己一直拖着它。比起用肩膀拖着绳索，绕起来当然更舒服一些。

如果领头的攀爬者登顶后，找不到系绳的地方，可以利用屋顶边缘拉紧绳索，或利用栏杆拉紧绳索。即使屋顶边缘或石栏杆角度不甚理想，也能帮着负载很大一部分重量。如此一来，领头的攀爬者只要用一只手，通常就能很自在地抓住绳索了。只要他一直不断地将绳索往上收，绳索就不会因松弛而绊倒下一位攀爬者。

很多人认为，即便是在最难攀爬的地方，使用了绳索也不好，认为这样做会对攀爬者的意志起到不好的作用——可能会让攀爬者失去自信。持有这种看法的人认为，领头的攀爬者会逐渐怀疑自己这个团队的能力，认为他们在没有绳索的助力下，就爬不上去。拉着绳索爬上去的人，则开始依赖绳索给他们带来的安全感，不管他们本身素质有多优秀，也逐渐会对绳索产生依赖心理。

可以肯定，大家利用绳索进行攀爬，耗费时间当然会长一些。进一步说，利用绳索造成的凝重气氛使攀爬速度变慢。有一些攀爬者会认为，不在绳索助力下的攀爬感觉更好。独自一人，攀爬者别无选择，只能相信自己，依靠自己去行动。而借助绳索攀爬，心中总有高手在帮着自己的感觉，从而强化了自己的依赖心理。即便自己顺着绳索爬了上去，并且也如以前一样在途中没有滑倒摔跤，攀爬者也往往会有这样的想法："如果没有绳索，我肯定爬不上去。"实际上，没有绳索他也有可能爬上去。不借助绳索，不仅不会削弱他的自信，反而可能会增强他的自信。

但有一小部分人仍然认为，不管什么情况下都应该使用绳索。据他们所说，配备了绳索，有助于缓解攀爬者现场的恐惧情绪，让他在心理上觉得攀爬并不是件难事。因为心理上害怕会影响攀爬动作，而配备了绳索以后，攀爬者内心充满自信，从而敢于做出一些原本不敢做的攀爬动作。

上述两种观点，新手自己必须择其一而信之。在实践中，实际情况很可能介于两者之间。如果新手能够折中一下，他既可以在配备绳索的情况下测试并训练自己的攀爬技能，也可以在不配备绳索的情况下锻炼自己的独立性，减弱自己的依赖心理。但新手仍要注意的是，使用绳索的恶习是在不知不觉之间养成的。利用绳索来降低攀爬难度，与绝不利用绳索来进行攀爬，显然选择后者为好。我们认为，过多地使用绳索就像吸毒一样，会损害攀爬者将来从事此项活动的自信。不过，大多数攀爬者还是喜欢偶尔使用一下绳索。他们往往在手臂上搭一件睡袍，将携带的绳索藏在里面，或是当周围有校监巡逻时，将绳索藏到外衣里。

夜攀行动的最佳人数是两人。登山客有时独自攀登，剑桥的夜攀爱好者则极少独自攀爬，我们只知道一位热衷于此的人喜欢独自行动。夜攀行动也有可能会是三个人，但三个人有些累赘，行动更慢一些，也更容易发出动静。所谓一环薄弱，则导致全局不稳，小组人数越多，团队则越无胆量。而经常合作攀爬的两个人，他们互相了解对方的实力和弱点，行动起来会稳当一些。不过，人数问题不是非常重要的事情，随它去吧。

夜攀行动的时间选择，也不是非常重要的事情。夏天的夜晚短暂而舒适，但若想到学校的学位考试①和即将出来的糟糕分数，还是会破坏夜攀的好心情。一年之中，也没有什么时候会冷得让人受不了。二月份的时候，有四个人结伴夜攀，当时气温降到零下几度，他们在屋顶上顶着咆哮的东风，待了两个多小时。

据当事人所述，他们没有戴手套，每次只能两个人同时攀爬，但他们当时也没感觉到有多冷。那种因偶尔为之而产生的刺激兴奋的心情，让他们感到热血沸腾。

然而，不管是在哪一个季节从事夜攀活动，都必须找一个天气好的晚上。在下雨天，夜攀一点都不好玩儿。对于此项活动的狂热爱好者来说，想要寻个天气好的晚上，还是可以寻到很多的。

月光也对夜攀活动有很大的影响。在其他条件相同的情况下，大多数夜攀者可能都更加喜欢月朗星稀的夜晚吧。但在那种情况下，行动大多会被察觉，除非午夜过后，夜攀者才可以稍稍放松警惕。

夜攀，夜越深越好。在漆黑一片的夜晚，夜攀者藏身于黑夜的帷幕之中，别人看不见他，他却可以看见周遭情况，看见自己立足和双手可以着力的地方，这是多么令人惊奇的事啊。不过，这里只是泛泛而谈，圣约翰学院西墙垛处，那

---

① 剑桥大学的 Tripos 既指学生学习的某个专门领域方向的课程，亦指每年六月初举行的学士学位考试。这里指考试。根据维基百科，该词源于以前学生参加口头答辩时坐的三脚凳 (tripod)。——译者注

难爬的排水管外墙凹槽就是个例外，那里的情况我们放到后边再谈。我们现在只要说明，那个地方肯定是剑桥夜间最最黑暗的地方。

开始夜攀行动的理想时间是午夜至凌晨两点。那时，校监已经结束了巡逻工作，如果夜攀者在攀爬过程中弄出动静，惹恼了哪位教师喊保安过来，保安总要穿衣服吧，等到保安赶来，夜攀者早就溜之大吉了。等到两点半钟攀爬结束上床睡觉，这一周一次的晚睡，对于正在训练攀爬技能的人来说，也不会有损身体健康的。

冬天，夜攀行动的大好时机是晚上七点半至八点。在那时，各个学院的教师正在学院食堂吃饭，便于夜攀者从教师办公室的窗户附近隐秘地爬过去。比方说，圣约翰学院的排水管外墙凹槽、国王学院切特温德屋的外墙凹槽，都经过好多处教师办公室的窗户，攀爬这些地方，这个时间段最好。距离这两个地方不远处，都有一条便捷通道可供攀爬者逃离学院，所以不用太过担心。

新手的心情总是迫不及待，此时恐怕都在想，从哪里开始爬呢，先爬哪个地方呢。正因如此，新手总是十分想要将此书所载的攀爬活动，分出个容易、中等、困难、非常困难、终极困难等诸多等级。所幸的是，大多数人的看法比较明智。剑桥的攀爬活动没有难度评级标准，少数攀爬者也许会对此感到失望，但他们可以在自己心中进行评级。毕竟，夜攀活动又不是体育竞技比赛。

张三觉得容易的，李四可能觉得困难；李四觉得容易的，张三可能又觉得困难。即便几个攀爬者的水平相当，他们也经常会对同一个攀爬目标难易程度的看法大相径庭。新手认为某个目标属于困难级别，一个月以后可能又会认为它很容易，而在他心中被归为"困难"级别的目标，又只是比"容易"级别高出两级而已。即便真是一个什么都不懂的新手，他也有可能发现，有些攀爬目标是可以独自爬上去的，但若先跟他讲过这些攀爬目标的难度系数，他又可能不敢攀爬了。据我们所知，有一位攀爬者绝非专家老手，但他爬过的一些屋顶却堪称非常困难的级别。因此，对于新手而言，告知其难度系数与其说起到了帮助作用，不如说起到了威慑作用。

最后谈一下饮酒问题。显然大部分人会赞同攀爬之前不要饮酒，老手无疑更支持此观点。曾有一位攀爬者告诉笔者，即使只喝一杯啤酒，他的攀爬水平也会变差。不过，还有一位攀爬者说，除非自己喝得三分醉，否则绝不攀爬，而且带着三分醉意的攀爬效率还极高。如此看来，饮酒到底是有利于攀爬还是不利于攀爬，还要取决于当事人自身的性情和体质。只要酒精给当事人带来的"酒后之勇"，不影响其肌肉控制，就有可能让一位性格稳健之人勇猛起来，使其爬到一些连不饮酒的老手都觉得困难的地方。在酒精的作用下，眼中已有攀爬目标之人往往注意力尤为集中。如果那个目标是可以攀爬上去的，他的攀爬表现可能会十分出色。不少人发现，与清醒状态相比，喝点酒之后更容易从学院外偷爬进学院内，这种情况有时也同样适用于真正的夜攀行动。

然而，在饮酒甚至醉酒状态下，进行难度大的夜攀行动是危险的。带着醉意进行攀爬，攀爬者有可能在关键时刻"清醒过来"，突然丧失其"酒后之勇"。偶尔的醉酒夜攀也许能增强其攀爬水准，但下一次就未必了，有可能还会起到截然相反的效果。

身为一名夜攀者，既要不断地克服自己的恐惧情绪，还要享受这个不断克服恐惧的过程。如果夜攀者总要依靠喝酒来激起"酒后之勇"，这是否就等于承认自己无酒精则不能成事呢？在清醒状态下攀爬容易的目标，所需的勇气要大于饮酒状态下攀爬困难的目标。但即便是容易的目标，在没有饮酒的状态下爬上去，从所需勇气的角度来看，获得的成就反而更大。

第四章

排水管

"也像条鲸鱼。"

——《哈姆雷特》

剑桥攀爬活动大致分为两类：攀爬排水管和攀爬外墙凹槽。若是真想从事夜攀活动，可以找到很多好爬的石制建筑，但你首先必须具备攀爬排水管的能力。对于新手来说，最为要紧的是掌握排水管攀爬技术。只有自己的双手和膝盖练就了攀爬排水管的技术，才会有攀爬其他剑桥建筑的自信。在我们看来，这是攀爬技术中最难掌握的部分。

在普通人眼中，排水管似乎都一样，没什么区别。但在攀爬者眼里，每一根排水管都各有不同。有的排水管在墙体上固定得比较松，有的在墙体上固定得比较紧；有的紧贴着墙体，有的离墙体足有半英寸[①]，中间都能插得进手指；有

[①] 英美制长度单位。1英寸合0.0254米。——编者注

攀爬者正在攀爬工程实验室。　　排水管攀爬技术。

的排水管只有手腕粗，用手抓握比较合适，有的粗如大腿，用膝盖夹紧比较合适；排水管挨着的墙体，表面可能很光滑，也可能很粗糙，粗糙的墙体有摩擦力，可以给攀爬者的双脚提供一定的支撑；有的排水管每隔一段距离，就会有一圈铁箍箍在外面，有的则没有；有的排水管每隔15英尺就会经过一个窗沿，可供攀爬者在那里稍事休整，有的则固定在光滑的墙面上；有的排水管在墙角，不利于攀爬，有的则位置好一些，距离墙角还有大约一两英尺；有的排水管靠近路灯，不利于隐蔽，有的则不然，位于只有星星和月亮才能照见攀爬者的地方；有的排水管一直往上延伸到楼顶，有的则只到距离楼顶几英尺处。

位于三一街的冈维尔与凯斯学院①的外墙上就有不少排水管。这些排水管足有40英尺高，看上去似乎专为夜攀者量身定做，比许多矮它半截的排水管易爬得多。

首先，这些排水管在墙体上被固定得很稳。墙体很平坦，排水管很坚固，足以让夜攀者放心。这些排水管的外面，每隔大约5英尺和3英尺又包上了一圈厚达3/4英寸左右的铁箍。虽然铁箍并不算厚，但足以让夜攀者立足，还能防止夜攀者的双手从光滑的排水管滑下去。

除此以外，这幢建筑的外墙上还有不少水平横档，横档与横档之间的距离很适合攀爬。大部分排水管的附近还有不少石刻装饰的窗户，可供攀爬者利用。三一街是一条正街，这些排水管直接暴露在外，隐蔽性不好，所以大部分夜攀者都敬而远之。但午夜过后，这里就相当安全了，这似乎是攀爬凯斯学院的绝好时机。但实际上，这些有利因素对攀爬凯斯学院外墙来说毫无用处。原因在于这些排水管紧贴着墙体，导致攀爬者的手指根本插不进去，无法攀爬。

---

① 或称凯斯学院。——译者注

圣约翰学院的排水管外墙凹槽。

圣约翰学院新校区的排水管,就位于剑河对岸。与凯斯学院的排水管相比,这些排水管更加暴露在外,墙体上也没有可供落脚的石刻装饰,但在那里,有一两处排水管与墙体之间留有空隙,足以让攀爬者的手指插入其间,因此可以直接攀爬。不过据我们所知,圣约翰学院新校区北外墙上的排水管,目前还没有人爬过。因为那里的排水管是剑桥各处排水管中最难攀爬的。

那里的排水管高度将近70英尺,墙体平整,排水管的近处又没有任何窗户或石刻装饰以助攀爬。排水管的表面很光滑,它们被为数不多的几个管夹固定在墙体上,而不是用每隔几英尺就会有的铁制扣栓。最令人讨厌的是,这些排水管都紧贴着墙体,让攀爬者的手指无法插入。身躯矮小的人在这种排水管上弓腰攀爬都很吃力,我们怀疑根本就不可能爬上去。倘若真的很勇敢,想要试着做一次挑战,也最好先带一根绳索,从其他几个通道抵达楼顶,把绳索放下来以助攀爬。但这对你的臂力是个巨大的挑战,而且在攀爬全程中,你需要一鼓作气,因为中间没有休息的地方。

再来瞧瞧三一学院的大门,从大门顶至几个大门塔楼两边的那些排水管,攀爬难度同样令人望而却步。这里是光滑的砖制墙体,只有排水管直通其上,一直到防卫墙4英尺处。尽管如此,不少攀爬者却时常光顾此处。他们还会意外地发现,其实这些排水管并不难爬。

在剑桥,并非所有的排水管都是圆形,有些还是正方形或长方形的。矩形的排水管不利于攀爬,它们大多紧贴墙体，但又易从墙体松动脱落。正因为它们没有贴住墙体的拉力，攀爬者必须注意不要把排水管从墙体拉下来。有关排水管的分析就介绍到此。

下面讲讲攀爬排水管的方法。有两种，第一种方法比较自然，让自己的整个身体都弓离墙壁，除了双手和双脚。具体来说，攀爬者要用脚蹬住墙体，使身体向外向上运动，同时用手拉住排水管，使身体向内向上运动。如此这般，攀爬者双手交替向上，双脚行走在墙体上，整个攀爬运动就如同猴子攀绳一般。

这种方法在速度上有一定优势，但并不通用。因为采用这种方法的条件是整条排水管与墙体之间必须有空隙，能够让攀爬者的手指插入，以便攀爬。如果排水管与墙体之间结合得不紧密，尤其是当攀爬者腿部用力蹬向墙体时，产生的反作用力会很容易将排水管蹬离墙体。假如除去排水管本身，攀爬过程中没有其他着力点，攀爬者则要一鼓作气地爬上去，这对攀爬者的胳膊而言又是一个持续的考验。

第二种方法，是让攀爬者的身体尽可能地贴近墙体。具体来说，攀爬者在手脚都无任何支撑点的情况下，必须用双膝夹紧排水管，脚背也要紧压在其上，如同毛毛虫一般缓缓前进。这种攀爬耗腿力、耗臂力，因此最好还是选择那些有支撑点、更易于攀爬的排水管来爬。

如果排水管是垂直走向，而不是水平走向，做这样的抓握动作会更加累人。因为攀爬垂直走向的排水管，攀爬者只能依靠抓握产生的摩擦力使自己不掉下去，这比抓握水平走向的横档更让人难以坚持。因此，攀爬者要利用一切可能利用的其他着力点。有一个可用的立足点，可以大大缓解攀爬者手臂承受的压力。排水管夹、铁制扣栓、石雕装饰、窗台，或是窗顶凸缘，所有这些都可以利用。

大多数人会认为，在剑桥夜攀活动的各个项目里，攀爬排水管是最容易的。如果我们中有人对此持有相反的观点，反而会被大家指责为有"个人偏见"。不过，新人倒是应该慢慢地上手，先挑简单的，从周边有足够扶手的排水管开始练习。如果在攀爬途中感到头晕害怕，只要想到下面这一点就心安了：从排水管上滑下去要比爬上去容易得多。

因为在往上爬的时候，攀爬者的手臂负担着他的主要重量，而在往下滑时，攀爬者是利用膝盖夹紧排水管而缓缓下滑，双手只要保证能够抓住排水管，防止自己从墙体上掉下来就可以了，所以手臂上的负重会大大减轻。下滑过程中，滑不了多少距离又会遇到可供自己稍事休息的排水管夹或铁制扣栓，如果这些驻足点够多，攀爬者就可以一节一节慢慢地爬下来。

这种明确知道自己能够爬下来的信念，能够鼓励攀爬者继续往上前进，即使他心中不大喜欢攀爬排水管。因为知道自己的脚下有一条可以退回地面的安全路线，攀爬者就能鼓起勇气，"再爬上一节"新高度，从而一节一节地爬上顶端。虽然攀爬排水管是夜攀活动的重要组成部分，但攀爬排水管本身却不是夜攀活动的目的，只是一种手段。某些排水管与周围石制建筑的位置，可能会让人觉得攀爬起来很有趣，但这一类排水管并不多见。至于那种安装在毫无遮蔽的建筑物表面上高达 30 英尺的排水管，爬上去的人就更少了。有些喜欢攀爬的狂热分子，他们只要见到排水管就会上去爬一下，但这些人未必算得上优秀的攀爬者。他们只是体操运动员罢了。

第五章

外墙凹槽

"他用凿过的石头挡住我的道。"

——《耶利米哀歌》第 3 章第 9 节

在攀爬者的术语中,外墙凹槽是指位于两堵墙之间可供攀爬者背靠一堵墙、脚抵另一堵墙进行攀爬的墙间缝隙。在这种地方,攀爬者即使手上找不到着力点,通过腿施加压力,也可以保持自己的身体不往下滑。假如两堵垂直墙体的间距合适,攀爬无须用到胳膊,甚至还可能在胸前交叉双臂优哉游哉。假如两堵垂直墙体间距不合适,尤其是间距过窄,就要伸出双手以助攀爬了。

外墙凹槽和排水管一样,也分很多种情况。但是对于真正的夜攀者(而非体操运动员)来说,攀爬外墙凹槽会更多地依赖腿部的力量,因此它更像是一项真正的夜攀运动。攀爬外墙凹槽和攀爬排水管不一样,它既包含建筑物攀爬技术,也包含登山技术,夜攀者要掌握它,登山者也要掌握它。登山高手乔治·亚伯拉罕在他的一本书中提到，想要知道某人是否善于攀爬，不要看他的手上功夫，而要看他的脚下功夫。对于外墙凹槽的攀爬而言，情况尤其如此。技艺不精的攀爬者很依赖自己的手上力量，富有经验的老手则善于利用自己的腿部力量。利用腿部力量来支撑自己往上攀爬，人就不会太累。所以，攀爬外墙凹槽是各项夜攀运动中最为省力的攀爬项目。

与登山运动相比，攀爬剑桥的外墙凹槽更为艰巨，同时也更为简单。这话听起来有些自相矛盾，但却很容易解释。

鉴于所有的剑桥建筑都是上下垂直的，外墙上的凹槽当然也是上下垂直的。在登山运动中，有些山体比较陡峭，山体上的裂缝也比较陡峭，但登山者攀登的山体裂缝构成的凹槽，大多数都有倾斜的坡度。只要存在坡度，相对而言就不会那么吓人。

山体也不像剑桥的建筑，其表面没有经过石匠的打磨，自然粗糙不平。粗糙的山体岩石上会有很多凸起和凹坑，登山者的脚踩在上面更加得力，需要时也可以把它们当作抓手。登山者在攀登山体裂缝构成的凹槽时，拥有这么多便利的攀爬条件，都是剑桥的夜攀者所享受不到的。

但反过来看，剑桥的外墙凹槽也有其便利的攀爬条件。剑桥建筑的外墙凹槽都是上下垂直，墙体本身没什么起伏变化。而登山者在攀爬山体裂缝时，可能会突然发现，那些在攀爬途中便于自己攀爬的粗糙岩石，又反过来给自己的攀爬造成种种障碍。因为构成山体裂缝的两侧山体之间存在间距，在攀缘途中，这个间距可能会逐渐缩小，或者逐渐变大。在上面，还可能会有一块大圆石嵌入山体，挡住攀爬者的去路；又或者，这块岩石的质地可能比较松脆，岩层的表面容易剥落，攀爬者的脚踩上去，就有可能打滑，造成悲剧。

攀爬剑桥的外墙凹槽，则不会碰到这些意料之外的困难。攀爬者可以先在白天踩点，观察要攀爬的外墙凹槽，研究那些可能阻碍自己攀爬的特殊因素。如果是配备绳索、结成团队进行攀爬，只要带头人自己愿意，他往往可以利用绳索先上去，跟在后面的人就会明确地知道，自己在攀爬途中即将会遇到哪些情况，心中就会有所安慰。攀爬者想提前知道哪些地方可以用作坚实的手脚着力点，他们更想提前知道，自己在攀爬途中会面对哪些严酷的考验。外墙凹槽的顶端位置往往较难爬，但那里的攀爬距离往往较短，稍加克服即可。而如果是爬山的话，登山者经过一整天的攀登终于抵达山体裂缝的顶端，由于那里的攀爬距离往往较长，他会觉得攀爬难度更大，更加难以成功。

现在，让我们谈谈外墙凹槽的攀爬方法。

照片中的人正在攀爬圣约翰学院南门的外墙凹槽，这是攀爬外墙凹槽的典型姿势。攀爬者的左腿蜷缩在身体下方，右腿伸直，脚趾抵住对面墙体，他把两只手都贴在墙面上，但并没有发力，接着，将身体移离墙面，准备向上攀爬。

我们曾经讲过，在比较容易攀爬的外墙凹槽里，攀爬者甚至可以在胸前交叉双臂优哉游哉，但若积极利用两条胳膊则多少更有助于自己往上攀爬。因此，攀爬者把手放在与臀

攀爬者从老鹰门外墙凹槽爬至回廊顶。

部齐平的位置，稍微往身体两边去一点，掌心按向墙面，而后，将身体稍稍前倾，避免背部摩擦墙面，双手向下用力撑，同时伸直蜷缩在身体下方的腿，再往下蹬，注意脚底不要在墙面打滑，把自己的身体往上撑。

接着，将身体往后靠，紧紧贴住墙面，将身体下方的腿抬起，把脚抵到对面墙体，位置高于另一只脚。现在，两只脚就都抵在对面墙体上了，一只高，一只低。把位置低的一只脚收回，将这条腿蜷曲在身体下方，准备蹬墙以支撑身体上升。现在的姿势和刚开始的时候一样了。只不过刚开始时，蜷曲在身体下方的是左腿，而现在是右腿；刚开始时，蹬着对面墙体的是右腿，而现在是左腿。此外，现在的位置比刚开始时攀高了大约 1 英尺。再次重复这个动作，你的姿势就和刚开始的时候完全一样了，只不过，你的位置会比刚开始时高大约 2 英尺。

如果外墙凹槽宽度适当，用这套方法攀爬时速度会相当快。在向上攀爬的过程中，每一只脚在墙与墙之间的挪动都非常具有节奏感，很有观赏性。只要攀爬者保持冷静，就能用这种方式爬到外墙凹槽的顶端。

只要能用此方法一直顺利地往上攀爬，就尽量不要借助其他支撑手或脚的着力点。除非你是经验丰富的攀爬老手，否则，借助其他着力点也许会加快你的攀爬速度，但也有可能破坏原来的攀爬节奏。一般来讲，在攀爬过程中看见可以支撑的地方，人们总是想要利用一下，这是很自然的事情。但是，明智的攀爬者不会这么干。

攀爬新手惊异于外墙凹槽是如此容易攀爬，但往往等他爬到 20 英尺左右后再向下看，他会看到身下除了平整的墙面以外什么都没有，很容易心惊肉跳。在此情况下，适当的自我说服工作是很有必要的。要知道，只要是按照正确的方式攀爬，自己就不会有事；只要心中保持冷静，就不会有多少困难。新手攀爬外墙凹槽，起先最好还是小步慢爬，直到这个动作完全掌握、收放自如，再大步攀爬也不迟。

在这一章的开头，我们讲过外墙凹槽和排水管一样，也分很多种情况。但两者的不同之处在于，外墙凹槽的攀爬技术可以用在很多地方，新手想不到利用这一点，就可能爬不上去。比如说，在国王学院礼拜堂的屋顶上建有高达20英尺的角塔。这些角塔上有不少横檐。从礼拜堂屋顶往角塔上5英尺处，即为第一个横檐，但从礼拜堂屋顶到角塔上第一个横檐的这段距离没有任何抓手，故而似乎让人无法攀爬。然而，第一个横檐上的石雕装饰中部和柱子之间形成了外墙凹槽，如果顺着这个凹槽往上爬，就可以克服这个困难。攀爬第二个横檐时，亦可如此操作。依照此法，甚至还可以爬到难度更大的护墙上去。

剑桥其他各处建筑的外墙凹槽，也有其各自的特点。老图书馆外墙凹槽的顶端附近的空间很局促，在那个地方，攀爬者必须像体操运动员一样，转个身，将自己的背靠向对面墙体，才能继续往上攀爬。要不是那处墙体上有几块砖头凸出来，可以用手抓住，这个动作恐怕根本做不到。国王学院切特温德屋的外墙凹槽也非常局促，攀爬时伸展不开。你不能用脚蹬对面墙体以使自己的背抵住墙面，只能用膝盖，而且这里外墙凹槽的墙上还楔进去两块大石头，阻断了往上攀爬的去路。在这种情况下，攀爬者必须转而借道旁边的窗台，才能成功爬上顶端。

太阳即将落山。夜攀爱好者即将开始令他们兴趣盎然的攀爬。事实上，我们也希望自己能舒舒服服地待在家里，坐在壁炉旁边休息。夜晚的云层很厚，遮住了月亮，气压计读数较高。这会是一个很好的夜晚。

第六章

老图书馆

"我就对他们说:你们所上的那高处叫什么呢?"

——《以西结书》第 20 章第 29 节

对于想要认认真真从事夜攀活动的新手来说,老图书馆就是一处理想的攀爬练习场所。在那里,没有教师或保安前来打扰他那笨拙的首次攀爬。即便校监听到什么动静,也不大可能想到是有人在攀爬。他可以脚穿黑色运动鞋,心无所惧地四处走动,只需关注自己攀爬路线的前方状况即可。在那里,不但新手可以先找些难度不大的地方开始练习,老手也可以找到符合自己能力的攀爬目标。而唯一晚上会在那里出来活动的,只有住在老图书馆西南角、远眺国王学院的保安,但他们离我们的攀爬点还有一段距离。如果新手是跟随我们一起,我们肯定会尽量唤起他的热情,激发他的冒险欲望。

从国王街往三一大厅学堂有一条小巷,叫作行政楼巷。

行政楼巷的左手边就是剑桥大学的行政楼，这里有一排铁栏杆将其与老图书馆的最高处建筑连为一体。我们必须翻越这排铁栏杆。

攀爬者正从老图书馆爬至空神龛。

这排栏杆很宽，栏杆顶端很尖，看上去像是一排立着的史前标枪。但实际上，这些枪头很钝，即便是新手也不用担心翻越的时候被刺伤。万一真的觉得难爬，你可以双手往下按压，把自己的身体往上撑。等到双手与臀部齐平，可以向上抬起一只脚，将脚搭到距离栏杆顶下方9英寸处的横条上，就可以爬过去了。等到爬过栏杆顶，就可以往下爬了。最容易爬过去的地方，其实是位于栏杆半道的大门。不过这个位置正在路灯之下，容易招人注意。但这里侧边有个凸起的地方，攀爬者可用来搭手和搭脚，以利于保持身体平衡。直线越过更远处的栏杆，没有搭手搭脚的便利条件，自然难爬一些。一旦爬过了栏杆顶，距离冈维尔与凯斯学院的荣誉门就只有5码①之遥了。

现在，我们已抵达所要攀爬的目的地。可以看见，右手边有两扇门洞的大门，上方写着"图书馆（Biblioteca）"几个大字。再往上大约4英尺，有一个巨大的挡雨台，距离地面10英尺左右。现在，急不可耐的攀爬新人艾格伯特可以在这里初试身手了。目标就是爬上挡雨台。

如果仅仅依靠蛮力，挡雨台还是很难爬上去的。但是，除了手臂的拉拽动作以外，还可利用侧边的外墙凹槽来辅助攀爬，这就容易一些。等到攀爬者的头部到了与挡雨台齐平的位置，他还可以将双手放开，仅凭着外墙凹槽，就足以支撑他整个身体的重量。位于挡雨台上方的窗棂也有助于攀

---

① 英美制长度单位。1 码合 0.9144 米。——编者注

爬,但新手爬不到那么高,只能爬上挡雨台。要是哪位新手能够利用挡雨台上方的窗楞来辅助自己攀爬(这并不是很难的事情),他的攀爬技术就算是不错的了。

在我们的正前方有个排水管,从地面起直至屋顶,高度大约有25~30英尺。这里是凹陷式排水管。从这里往右5码处有两堵墙,这两堵墙中间形成了凹槽,凹槽往上有两扇窗户,这就是老图书馆的外墙凹槽了。我们暂时不管这两个地方,继续前行,去位于国王学院旁更远处的栏杆那里。

穿过一条左边有柱子的拱道,位于老图书馆与国王学院之间有一处很高的栏杆。这处栏杆的顶部装有旋转式的防爬刺钉,无法直接攀爬。不过对我们来说,这没有什么关系,因为我们的攀爬目标是老图书馆,而不是这栏杆上的防爬刺钉。

如照片所示,老图书馆的外墙石块之间有凹槽。这些凹槽是V字形的,从内向外倾斜,所以在攀爬时无法被当成梯子以供落脚。尽管如此,想要以此爬到栏杆上方的横档,倒也不太困难。不过此举虽有可能实现,却不是明智之举。在我们看来,即使爬高了一点,也还是够不着屋顶,选择这条路线就是错误的。即便有人能够利用绳索,循着这条路线爬到屋顶近处,他也没法翻过屋檐。所以,要往右边走才行。右边有一个空神龛。在那里,攀爬者可以藏身其中,还可以坐下来冥想几分钟,想象一下自己变成了一尊石雕神像,因为他的头顶上还围着一圈石制的光环。

国王学院的学生会认为这是非法进入自己学校的一条有

效途径。但在同时，这又是一条不失文雅的途径，因为若是身穿晚装，循着这条路进入，就不会弄脏自己的膝盖和胳膊肘。跟大家透漏这条爬进学校的非法途径，我们没有愧疚之心。因为除此以外，还有五六种更为简单的非法入校的方法。

往右手边10码的距离，又有一个空神龛，从地面就可以爬上去，但稍微有些困难，这个动作要有很好的身体平衡

仰视老图书馆外墙凹槽。

感。如果你位于空神龛的正下方，就得先用手抓紧右手边的拱道，以防止自己跌到外面去。神龛是嵌入墙体的，爬上去后，可以在里面舒服地休息一下。

在拱道柱子的那一头，也有一个几乎一模一样的神龛，只不过要爬上去的话，手抓方向正好相反。只要你愿意，可以依次攀爬这些神龛，比较一下自己控制左半边身体和右半边身体进行攀爬时哪一种更有效率。左右身体的不同效率导致攀爬实际效果的差异，可能会让你大吃一惊。

现在，我们开始攀爬到老图书馆的屋顶上去。

通往老图书馆屋顶共有两条路线。对新手来说，这两条路线都比较难爬。一条路线是通过凹陷式排水管爬上去，另一条路线是通过老图书馆外墙凹槽爬上去。我们先从第二条路线开始攀爬，第二条路线的位置就在行政楼巷栏杆处右手边20码。攀爬这条路线的时候，攀爬者必须让身体靠北朝南，因为南侧墙体上的窗户离侧墙距离太近，剩下的地方太小，攀爬者的身体支撑不起来。北侧墙体上有一个拱壁，拱壁那里形成的凹槽，足以容纳攀爬者的身体。老图书馆的外墙凹槽宽度太大，爬起来让人感觉不舒服，个头太矮的攀爬者把腿伸出去，伸直脚尖使劲上下来回晃荡，都有可能够不着对面的墙体。

从下往上数，第二扇窗户几乎都挨着墙了，从窗户边到墙边仅有3英寸宽，攀爬者只能垂直将脚抵在这块石头条上。如果你能继续坚持向上攀爬，就会遇到一个令人头疼的问题，你得停下来看看该怎么克服它。

第六章

老图书馆

"我就对他们说:你们所上的那高处叫什么呢?"

——《以西结书》第 20 章第 29 节

对于想要认认真真从事夜攀活动的新手来说,老图书馆就是一处理想的攀爬练习场所。在那里,没有教师或保安前来打扰他那笨拙的首次攀爬。即便校监听到什么动静,也不大可能想到是有人在攀爬。他可以脚穿黑色运动鞋,心无所惧地四处走动,只需关注自己攀爬路线的前方状况即可。在那里,不但新手可以先找些难度不大的地方开始练习,老手也可以找到符合自己能力的攀爬目标。而唯一晚上会在那里出来活动的,只有住在老图书馆西南角、远眺国王学院的保安,但他们离我们的攀爬点还有一段距离。如果新手是跟随我们一起,我们肯定会尽量唤起他的热情,激发他的冒险欲望。

从国王街往三一大厅学堂有一条小巷,叫作行政楼巷。

行政楼巷的左手边就是剑桥大学的行政楼，这里有一排铁栏杆将其与老图书馆的最高处建筑连为一体。我们必须翻越这排铁栏杆。

攀爬者正从老图书馆爬至空神龛。

老图书馆外墙凹槽——这里有一位看不见头的攀爬者。

这个问题就是，随着攀爬高度的上升，拱壁和外墙之间的凹槽忽然就没了。这个凹槽下面很宽敞，越往上越逼仄。

从墙体中凸出的一些砖块，倒是可以用来继续辅助你往上攀爬，但要利用这些砖块，就必须掉头，将背靠向对面的墙体。在凹槽里直接做转身动作，那可不容易。但是，用一只手抓紧凸出来的砖头，就可以像体操运动员一样转过身，接下来的攀爬过程就简单了[①]。我们可以利用对面墙体上凸出的砖头，轻松地爬上距离屋顶那最后六七英尺的高度。

[①] 也可以不转身而达到爬上去的目的，但这就要利用对面窗户上方的凸缘来搭个脚了。要做这个动作，颇有难度。

攀爬凹陷式排水管的下半部分。

攀爬凹陷式排水管的上半部分。我们有位成员在这里差点发生意外。

    现在让我们回头，看看这里的凹陷式排水管。即使是在整个剑桥，这里的攀爬方法也算是很独特的。如照片中所示，这里的排水管卡在凸墙与拱壁之间的凹槽里，攀爬者无法将两只脚同时放在排水管上。要攀爬此处排水管，必须利用排水管左边带有凹槽的外墙石块。此处排水管与右边拱壁的距离，比到左边凸墙稍远一些，留下的缝隙刚好能挤进一只右脚。攀爬者的右手刚好能绕到后方，抓住排水管。

    攀爬者的左脚则向旁伸出，落在凸出石块的边缘。左脚尽量抬高，用力下蹬，同时右脚也用力下蹬；抓着排水管的右手用力向外拉，搭在18英尺以外凸墙边缘的左手用力向右拉。这个动作看上去很难完成，实际上很简单。

等爬到离屋顶还有 10 ~ 12 英尺，排水管所在的凹槽宽度变大，攀爬者此时就可以将双脚放在排水管两侧了。图书馆外墙的石块表面粗糙，脚踩起来比较实，10 ~ 12 英尺的距离也不长，攀爬者很快就能爬上去。屋顶上有一块不大牢靠的墙角石，新手爬到这里应该已经气喘吁吁，得小心点。但要分辨出哪一块石头就是这块不大牢靠的墙角石并避开它，也非难事。

用这两种方法爬上屋顶，就不要觉得自己还是新手了。

上文刚刚写道"有一块不大牢靠的墙角石"，其实这个"有"字有误，应该说"曾有"，我们会对此稍做解释。

在我们这一章内容的初稿写出来之后，有五个人结伴，去攀爬老图书馆，想去上面拍一张摇晃塔的照片。在这五个人中，已有两人先爬上了屋顶，另外两人正在排水管上，还有一人没开始爬。排水管上的两人上下相距有 10 英尺，上面的一人已快到屋顶了，下面的另一人，也就是笔者，也快到外墙凹槽右侧顶了。排水管上面的那个人，他准备在最后登顶前稍事休息，便将左肘架到左边墙角凸缘上。我们事先忘了提醒他那块石头不稳。据他所说，他觉得那块石头看上去还挺牢靠，于是就将左肘架了上去。架上去的力道并不大，却让那块长达十八英寸、重约三四十磅的石条整块断裂并掉了下来。

接着，就是这个故事的高潮了。下方的人正用双手平握着排水管，等待上方的同伴爬上去后给他让出路。可这块石条掉了下来，从他的双臂旁落下，割破了他的花呢大衣和衬衫，在他手臂上划出一道深深的口子，还擦伤了他的头部。所幸他的肘部如同弹簧一般，起到了很大的缓冲作用。石条掉下来后，他将石条搁在身体左侧的地面上，接着开始攀爬。在前一章里，我们曾说过，在同一条线上，决不能有两人同时行动。如果我们遵守了这条规则，这场虚惊也可能就不会发生了。

后来这位伙计告诉我们，石条掉下来这件事本身并没有吓到他。被惊吓的是落石之前，他抬头向上看的时候，突然看到凸缘与墙体之间有一道裂缝，里面有一道光透过来，于是他就意识到这块石头松动得快要掉下来了。在迟疑了一两秒的时间里，上方的攀爬者已将肘部搁到那里，并开始着力了。

落石事件的发生，对上面那位攀爬者的心理还是稍有影响的。尽管没有影响到他的此次攀爬，但在接下来一两个晚上的夜攀活动中，有好几次他都若有所思。当我们要从屋顶爬下去的时候，他已将自己的身体越过屋顶边缘往下降了，这时，他又爬回到屋顶上，告诉大家，排水管的顶部已被踩烂了。

在当时那种情况下，排水管的顶部被踩烂，这几乎是和落石事件同等糟糕的事情。如果那时他抓在屋顶上的手已经放松，肯定会一脚踩空掉下去。笔者当时目睹了第一次落石事件，再听到他说排水管顶部已被踩烂时，简直怀疑自己这帮人是否开始走霉运了，心中不禁有些发毛。大家开始顺着凹槽往下爬，据已经爬下排水管的那些人说，排水管顶端的雨水斗已有松动，但排水管的管体还很牢固。被落石划破外衣袖子的那位，他表现得十分镇定，落石事件似乎在他心中没有造成任何不良影响。现在，让我们回到凹陷式排水管这里，试一试其他的攀爬途径。

从下往上大约15英尺的位置，有两条上下相距3英尺的凸缘。上方的凸缘有三四英寸宽，质地较脆，下方的凸缘只有一两英寸宽，不过踩在上面十分安全。这两条凸缘就是所谓的老图书馆横梁了。我们从来没有沿着横梁将它整段爬完的经历，若沿着横梁，会一直爬至国王学院，不过大家都认为这是一处攀爬点。在这里攀爬，双手要同时搭在上方凸缘上摸索移动，并注意保持双手不要脱离凸缘。

第三种攀爬途径，据我们所知，尚未有人试过，你可以通过这条途径从地面直接到达屋顶。这条途径位于三一大厅学堂和国王学院的北门之间，当你面朝南时，它就在你的左侧位置。

那里有一堵圆形墙和一扇凸窗，那堵圆形墙和凸窗之间形成了一个凹槽，凹槽里有两根排水管通至屋顶。我们站在地面上对此研究了很长时间，认为是可以爬上去的，但我们自己没爬，还是留给后继者去征服它吧。那里的高度大约有四五十英尺，我们说不准是容易爬还是很难爬。

从屋顶上向下俯瞰，感觉从那条路线爬上去还是有困难的。此外，快到屋顶的那一节排水管看上去似乎很牢固，但摇晃起来还是咔咔作响。曾经有两个攀爬者在屋顶上徘徊了半天，还是觉得从那里爬不上去。

一旦你爬上了老图书馆的屋顶，就会发现，屋顶之上还有可以攀爬的地方。因为在老图书馆的屋顶上有高低起伏的平台，这些平台之间有铁梯相连，攀爬者可以四处随意攀爬。在那里，没有蹑手蹑脚的必要，但记得不要惊动待在老图书馆西南角的保安。

老图书馆屋顶的西侧有一座尖顶式的建筑，我们称之为奥哈拉尖塔，或叫它摇晃塔，我们还没说这里该怎么爬。现在，来看看照片中这位攀爬者。据他所说：

"爬上屋顶以后，向右走，会看到一架铁梯，高约15～20英尺。爬上铁梯，向右转，沿着屋顶向前走。因为有栏杆扶手，所以走起来并不困难。等你走到尽头，会发现自己来到一个狭小的空间，像是来到一个凹井里。爬出这个凹井（只有大约8英尺深），眼前会出现一处宽敞的平台，平台靠近左手边角落有一个尖塔，大约有25英尺高，看上去有点难爬。站在平台的栏杆上，左手抓住一个滴水嘴①，右手抓住滴水嘴上方的斜脊，双手用力将身体往上拉，同时将左脚搭到另一个滴水嘴上。这个动作是整个攀爬过程中最为吃力的部分，但整个攀爬过程并不难，这个动作也不难，最没经验的新手都能做到，而且爬不上去的话，跳下来距离也很短（大约6英尺）。这个动作完成后，剩下的事就简单了。这个尖塔的表面上装饰有一些小雕像，踩上去感觉很结

---

① 建筑物用于引导屋顶上的水流的设计。教堂顶上多以怪兽状的石雕形式呈现。——编者注

奥哈拉尖塔,或摇晃塔。拍照时,攀爬者环抱的尖塔顶端十字架正在摇晃。请注意国王学院礼拜堂就在尖塔后面的背景里。

实,可以当垫脚的梯子爬上去。等你爬上了尖顶往下一看,只见夜色中灯光点点,剑桥美景一览无余,而且基本上无须担心被人瞧见自己爬到了塔上。"

之所以将这个尖塔命名为"摇晃塔",是因为我们有两名成员坚称,当他们在给该塔拍照之前,它的塔尖正在晃动。此次攀爬任务虽然很简单,但还是十分危险的,因为攀爬者的安全问题完全取决于他们脚下那些只有拳头般大的雕像是否牢固结实。

如果你白天抬头向上看,可能会注意到,老图书馆的北侧屋顶上有两个石拱。但等你爬上来在近处看,就会发现,石拱居然会有那么大。我们曾向人说,只有一条路线能够爬上去。然而,情况可能与我们当初所说的不大一样。这两个石拱,高度大约 10 ~ 12 公尺[①],大家可以搭人梯爬上去,也可以沿着铁条状的避雷针爬上去。不过,如今这处避雷针紧贴着石拱墙,还十分光滑平整,因此我们还是建议搭人梯爬上去比较好。另外,攀爬建筑物顶端的避雷针,也实在不是什么明智之举。

现在让我们稍做停留,看看这里的风景吧。

站在这里,只见月光笼罩,剑桥夜景尽收眼底。南边有国王学院礼拜堂,其身影在夜色中若隐若现,而礼拜堂上的塔尖则带着极其庄严的气势,直指夜空中不时掠过的散碎云朵。我们所在之处与礼拜堂顶部窗户一样高,大约有六七十

[①] 国际长度单位。1 公尺等于 1 米。——编者注

英尺。即便如此，礼拜堂仍然显得十分高大，让我们觉得自己仿佛是从地面上仰视它。此刻，我们不禁羡慕起攀爬事业的两位同好者。那两位同好者在比我们位置还要低的三一大厅学堂的屋顶，他们曾听见有人结伴攀爬国王学院礼拜堂。假若此时此地，我们瞥见某两位攀爬者正在礼拜堂尖顶附近，奋力攀爬，身影小如蚂蚁，倒映在那片广阔无垠的天际，我们心中会是怎样一种心情呢？

再来看看老图书馆的北边吧。北边有一大片建筑群，建筑群的上方傲然耸立着圣约翰学院礼拜堂，看着高耸的圣约翰学院礼拜堂，我们不禁从征服老图书馆屋顶的兴奋中掉到心生畏惧的寒战里了。据传闻，圣约翰学院礼拜堂这个地方，有且只有一支带了登山绳的专业队伍攀爬过。并且事后，所有参与攀爬的人都对此缄默不语。据传闻，有一位成员在攀爬过程中摔了下来，幸亏有绳索才捡回一条性命。为了防止他人得知此次行动后也来冒险攀爬而致失足摔下，他们发誓要对此事保密（只告诉了少数人，以确保此次攀爬伟绩不至被人遗忘），然后就转而攀登珠穆朗玛峰去了。我们曾经想要找到有关那次攀爬的更多信息，却是劳而无功，得到只言片语，几不可闻。

我们的摄影师也没有拍过圣约翰学院礼拜堂的照片，没有看过照片的我们站在老图书馆的屋顶，看到圣约翰学院礼拜堂那种鹤立鸡群的模样，自然会不寒而栗。

站在老图书馆的屋顶上，朝下看到三一大厅学堂的屋顶，更让人提得起劲儿了。并不是说三一大厅学堂的屋顶上有什么让我们兴奋的攀爬目标，而是从我们的所在之处向下俯瞰，心中会觉得很痛快。

从行政楼巷那边传来的行人脚步声，也勾起了我们的好奇心，让我们不由来到屋顶边缘，向下窥探。下面有一位正在巡逻的校监，我们看着他走了过来，一直走到我们的正下方。等到他的头和脚看起来垂直到一条线上，他整个人也变成了一个小点。这让我们没来由地想到，如果我们朝正下方吐口水，口水击中了地面，会把那位巡逻的校监吓一跳，以致迅速将他那具伟岸的身躯远离我们的口水落点吗？或许他会认为，这是猫头鹰或蝙蝠飞过头顶时撒的尿吧。又或许他会无动于衷，就像是有随从侍奉的维多利亚女王一样，仍旧泰然自若地向前巡逻吧。到底会怎么样，我们永远都无法知道了。

老图书馆的屋顶，是攀爬新手的快乐天堂。在那里，到处都是斜坡、导引道、铁梯，还有横挡在浅沟上的烂木板，高低不平，乱七八糟的什么都有。这些东西被围在方形的屋顶之上，形成了一个庭院，好似白天挤满了法学专业学生的法庭。在这上面四处探险，感觉真是太棒了。总有人想着会不会撞了大运，找到某位中世纪的强盗偷偷藏在这里的大袋金子。找不到金子也没关系，至少你会找到某位建筑工人在施工过程中仓促丢下的护肩、防滑钉、工具什么的，我们就找到过这类东西。此时，某些捣蛋鬼可能会有朝看门人大喊大叫的冲动，想看看他得知自己违反禁令爬上屋顶有什么反应。不要有这种冲动。对人大喊大叫，不是一个素养良好的攀爬者应该做的事情。

现在该爬的爬了，我们也该回去了。尽管攀爬新人艾格伯特对我们的攀爬活动着实意犹未尽，但因为他是寄住在别人家里的寄宿生，午夜十二点前必须进门，所以这时他也该回去了。这也是他为什么不能经常和我们一起攀爬的原因。不过，经过这次老图书馆的攀爬练习，也许他能通过顶楼窗户爬回自己房间，这样就可以常和我们一起出来了。而且，据我们了解到的艾格伯特的为人，他一定会这么干。

那就道声晚安吧。对了，艾格伯特，下次记得穿黑色运动鞋，别穿白色的硬底鞋，那样走起路来会咯吱咯吱响的。

第七章

各处转转

"偷来的水是甜的,暗吃的饼是好的。"

——《箴言》第 9 章第 17 节

除了老图书馆,还有不少孤立的攀爬点,但这些攀爬点都不能算是校内建筑物。虽然这些攀爬点的特点各有不同,但它们又存在着某些共性,使之区别于校内建筑物。在这些地方攀爬,不怕惊醒了某位脾气不好的教师,也不怕有不好说话的保安悄悄走来找你的麻烦,陪伴你的只有向日葵和金银花。不过,这些地方常有警察来巡逻,万一遇到了警察,可能就要多费口舌了:你要向他解释自己不是小偷。到了午夜时分,校监也随时有可能转悠到这里,他的态度可就没有警察那么友好了。校监会冲着你喊:"你,下来下来。"不要理会他,尽管爬你的就好。校监身边的斗牛犬十分凶猛。不过,如果要让它们爬到楼上,那它们就会像不会游泳的小肥猪傻立在水边一样,无计可施。所以,你就尽量待在上面别下来。即使你被困得无路可逃,也千万别出声,藏起来别让它们看见你。这样它们也许就会认为,你已经从哪个陡峭的墙面爬下来溜掉了。

攀爬者正在尝试双管攀爬。
目标是爬到白色标牌位置,并在标牌上写下"某某到此一游"。

你是好人还是坏人？或者换个说法："下来，不然我就揍扁你，下来！"

从剑河对岸到麦格达伦学院之间，有一处剑桥大学军官训练团使用的建筑，朝着码头的这一面墙，从下往上共有两根排水管。这里还算值得让你小试身手，你可以顺着这两根排水管向上爬，等爬到了排水管一半的位置，也就是将排水管围起来的白色标牌的位置，你可以用铅笔在那里写下自己的大名。但从排水管的安装格局来看，我们认为想要顺着排水管爬上屋顶是不可能的。上页照片里有位警察，正站在排水管下朝着攀爬者大喊大叫。当时的情况就是如此，真的一点儿也不夸张，而且这位警察的站姿和我们的取景还挺搭。

往右边走30码，还有一根排水管，在拐角处房子的白色外墙上，在此我们附上一张照片（参见P66）。不过，此举并非鼓励大家去爬这处排水管（攀爬私人住宅毕竟不大礼貌），而是要告诉大家这里发生过一次非同寻常的攀爬事件。某一天晚上八点钟，有三名攀爬者来到码头准备驱车去某学院里攀爬，并拍几张照片。当时开车的人正在转弯，另一人正将灯泡旋入拍照用闪光灯的反光罩里，还有一人正将登山绳绕成圈扔进车里。绕绳的那个人没戴帽子，也没有穿长外衣。当一位巡夜校监出现在离他30码开外的地方时，他来不及将绳索藏好，从而暴露了身份，于是他慌忙冲到离自己最近的排水管（参见P66照片中的"奥哈拉排水管"），想要爬上屋顶以躲避校监。幸运的是，这根排水管在墙体上固定得很牢，离墙体也有一点间距，有利于他的攀爬。上面的两个屋檐也不是问题，他很快就爬到了排水管的顶端。

可是，那里没有任何能支撑手脚的地方，只有排水管本身，看样子，他必须要原路爬回地面了。与他头部齐平的是一个排水槽，但看上去并不牢靠，再往上就是带着坡度的瓦片屋顶了。校监和两条斗牛犬在下方，朝上看着这一幕，脸上浮现出惊惧的神情。而那位攀爬者则慢腾腾地使劲爬上屋顶，消失于他们的视线中。这处屋顶向下倾斜了45度，旁边是一堵开了扇窗户的山形墙，中间形成了一个夹角，在攀爬过程中，手脚完全没有着力点。他慢慢地爬过斜坡，终于来到了上面的水平屋顶。后来我们问他，最后这一小段路程，你是如何爬过去的？他说自己当时脑子一片空白，只记得一个同伙在下面哈哈大笑。横穿过屋顶以后，他发现这幢建筑的另一面墙体上还有一根排水管，看上去似乎可以攀爬。于是，他就趁着校监进屋找他的时候，从那里毫发无损地爬下去了。

现在不谈轶闻，让我们谈谈若真被校监看到后，会发生什么情况。这时，你已不可能若无其事地掉头走上五分钟，也不可能在街上当作没事人一样傻看着了，必须等到有几个看热闹的人聚集起来，然后加入他们才行。一边是龇牙咧嘴的斗牛犬在屋顶搜寻你的同伙，一边是你明知自己的同伙距离斗牛犬只有咫尺之遥却毫无办法，要想象这种情景，简直是太耗脑力了。咦，不对啊！这个时候不会有多少看热闹的人的，所以你就没法加入他们，所以你就会被抓住喽。当然你肯定还是要华丽地逃跑一下，但这些斗牛犬可不会放过你，它们会抓住你。至少有只斗牛犬会跑过来告诉笔者，这一幕是它见过的"干得最漂亮的一次追捕"。这种结果，我们还是比较相信会发生的。

- 066

麦格达伦学院附近，朝着码头方向的奥哈拉排水管。
一位夜攀者在校监眼皮底下，沿着排水管爬上去并逃走了。

现在，让我们继续聊下一个地方。我们这一章要谈的攀爬点会遍及剑桥各个地方，但我们可不会像上文提到的那位夜攀者的两名同伙，不管同伴自顾自地跑掉，然后在一个小时以后出现在码头上，顺着其他目击者的手指方向看着排水管，张大嘴巴听他津津乐道地讲述校监抓人的故事。

这些攀爬点比较分散，其中最好爬的，莫过于圣约翰学院正门对面的神学院。这幢建筑分为两部分，整个攀爬过程也分为两个阶段。这两个阶段，都不大难。

从这幢建筑的正面来看，沿着右手边的窗户往上走，有一截很短的排水管。从地面上顺着排水管爬到雨水斗，再从雨水斗爬上栏杆，从地面到安全越过栏杆的整个过程，大约只要 5～10 秒钟的时间。接下来，我们要紧靠右手边的墙，沿着墙边凸缘缓缓前行，途中经过一个神龛。墙边凸缘是有坡度的，它直通远处的另一堵墙。墙边凸缘的宽度也不大，你必须将手臂向两侧伸展开来，紧贴着墙壁才好前进。事实上，从墙边凸缘到地面只有 5 英尺的高度，这实在让人兴奋不起来。沿着凸缘一直前行，很快又来到一处排水管。

因为这个墙边凸缘是向上倾斜的，所以我们可以从凸缘直接爬到这处排水管的雨水斗上，而雨水斗再到上方的屋顶，大约还有 4 英尺的距离。将一只手搭在屋顶上，向下用力一按，身体侧拧，就可以轻松爬上屋顶了。

如果有谁觉得这个动作很难，大可扭头回到圣约翰街。在那里，他能找到某些与墙体有间距，可以插脚以助攀爬的排水管。虽然这没有必要，但有人觉得那种排水管更好爬。

"洋葱头"旁边的神学院。在这张照片中,奇异而模糊的白光是月亮。

圣约翰街的神学院。

爬上屋顶以后，向右走，大约走5码就不能再走了。在前面屋顶石板瓦的上方，搁了一架有点腐烂的木梯，沿着木梯爬上去，再从另一侧爬下来，就来到了"洋葱头"这里。所谓"洋葱头"，就是一个半球形矮塔，顶端有一个石制十字架。

大跨一步，将脚迈过去，用双手小心下按，使自己站到齐胸高的护墙上面。相信这个高度，你是无须他人协助，一个人就能搞定的。站在护墙上，就可以轻易地够着"洋葱头"上的石头球雕了。但这些石头球雕并不牢靠，有一两个已经不见了，很有可能是以前有人在此攀爬时弄掉的。如果两个人合作，要爬上去应该是不费吹灰之力的事。

曾经有一次，我们想从马路对面拍一张攀爬圣约翰学院正门的照片。大家决定从"洋葱头"这边打闪光灯，照相机就放在马路中间，镜头则对准老鹰酒吧的方向进行拍摄。负责打闪光灯的人先将绳子绑在腰间，另一头则拴着器材，他静悄悄地爬向屋顶。由于腰间松松垮垮地绕着绳子，行动不便，他跌跌撞撞地好不容易爬过木梯，来到"洋葱头"塔楼旁，站定位置。

因为站在拍照位置的人和站在闪光灯位置的人是看不见彼此的，所以只得事先约定暗号，自己这边准备好了，就吹口哨通知对方。打闪光灯的要吹四声，等吹第四声的时候打开闪光灯。需要说明的是，在他们互吹口哨之前，负责攀爬圣约翰学院正门的人要先向他们二人挥动白手帕四次，以示意自己已经准备好了。

一切按部就班。手帕轻轻挥动着，口哨声彼此回应，响了四声，真是一个关键的时刻。拍照的按下了快门，打闪光灯的按下了触发器，负责攀爬的人也摆好了夸张的造型。可是，一切照旧，什么情况都没发生，原来闪光灯没亮。负责打闪光灯的又试了一次，还是不行。

接下来五分钟内发生的情况，在旁观者看来，一定有些可笑。打闪光灯的人惊慌失措，疯了似的一边摇晃闪光灯，一边乱砸反光罩并反复按压触发器，发出一连串噗噗噗噗的声音，响个不停。负责攀爬的人有些发蒙了，他仍旧用力地挥舞手帕，但大家这时都不管他了。拍照的人吹了声口哨，示意自己暂停工作，这样大家就不会怪他什么也不做了。接着，在一片寂静声中，打闪光灯的人说闪光灯不亮了，"不管用了"。等他从上面爬下来，换好电池再爬上去，已经过去了二十分钟。那是一个寒风凛冽的夜晚，可怜了蹲守在圣约翰学院正门顶的那位伙计，他几乎要被冻死了。

攀爬神学院的照片，我们去拍了三次才成功。第一次，一切都很顺利，但底片冲洗不出照片；第二次，来了一个便衣警察，坏了我们的好事；第三次，总算如愿以偿。

神学院的侧厅至中央主建筑的顶部，大约有10英尺的距离，两者以嵌入墙体的铁箍互相勾连，可以攀爬。如果你愿意，那里还有一根很粗的排水管，也可以攀爬。不过，神学院的屋顶没有什么好玩的。尽管它比"洋葱头"塔楼还要高，但爬上去却并不费力。

神秘的传说之所以有魅力，是因为大家对它根本就没有一个准确的说法,行政楼的攀爬事件就属于这一类。据我们所知,有很多人攀爬过行政楼。但是,有一位多才多艺,并有着辉煌成就的知名运动员也曾攀爬过行政楼,这就让人感觉很特别了。比起呆板的事实和历史数据,未经证实的传说自然更令人心驰神往。因此我们有意地忍住了冲动,没有写信向他求证此次事件的真伪。

想要求证此次事件的真伪,最简单的方法就是重新再爬一次。于是,我们前去察看了行政楼的情况,发现虽然它看上去很好爬,但各路朋友们真要上手,又会感觉很难爬得上去。这真是在挑逗人啊。行政楼的外墙上有不少凹槽,但其横距不是太宽就是太窄,纵深也不够,不好攀爬。我们选定了一个横距较宽的凹槽,在那里,我们成功地往上爬了好几英尺。所以,我们也不能妄加断言,说通过外墙凹槽爬上屋顶是不可能的事情。

如果有两个人合作攀爬,行政楼南墙上的那些窗户倒是可以利用一下。窗台有将近 2 英尺宽,先让一人站在他同伴的肩膀上,应该就可以爬到上一层的窗户上。接着,让他从上一层窗户的窗台上放下粗绳,让下面的同伴爬上去,如此反复,应该可以爬至二十多英尺高的屋顶。听上去或许异想天开,但我们只是提供一种思路,并且在我们看来,这是最可能直接爬上行政楼的方法。

要说最简单的方法,则是先爬上凯斯学院。这两幢建筑之间的行政楼巷,最窄的地方只有 7 英尺宽,我们可以从凯斯学院下跃至行政楼。不过采用这种方法,可能会被大家认

凯斯学院的南面。
路线 A：从这里抵达行政楼。路线 B：艰难的横向攀爬。

凯斯学院的南面。

攀爬者为了下跃至行政楼,必须先爬上凯斯学院。

为是在回避困难。我们决定用这个办法试一下，去攀登凯斯学院的南面。

我们爬上拱门右边的窗户，再爬到上一层窗户的窗台上。接着，用手扶着墙壁，沿着凸缘向左走，越过排水管，将左脚搭到拱门上方宽 1 英寸的拐角凸缘上。如果你愿意，也可以用手扶着排水管保持平衡，直到你沿着凸缘爬到左边的窗台。站在窗台上，唯一的抓手就是齐腰高的窗横条。

站到窗台的铁杆上（参见上页照片），一只手抓住窗横条，另一只手就可以抓到头顶上方的窄凸缘了。用双手抓住窄凸缘（大约只有两三英尺宽），将身体用力上拉，即可站到窗横条上。现在，你能够前往窄凸缘上方 2 英尺处的另一个凸缘了。窄凸缘现在到你的腰部位置，但在窄凸缘和窗横条之间，找不到落脚点。好在凯斯学院凸窗与主墙体之间形成的钝角现在可以派上用场。

将左手前臂平放在左边的窄凸缘上，右手抓住上方的凸缘，右手往下拉，左臂往上推。你若能将膝盖抵到窄凸缘上，就更加容易爬上去了。做出这个攀爬动作，你会清醒地意识到，这上下两条石凸缘的牢固性有多么重要。所幸凯斯学院这幢建筑上除了滴水嘴，其他石制建筑结构都很牢固。

接下来的攀爬过程就很简单了。右边位置上有一尊名人石雕，可以借助这尊雕像（推踩雕像时，要注意向下而不是向外侧或向旁侧发力）爬到顶层。到达顶层以后，向左侧前进，越过凸窗顶的时候要小心一点，接下来就可以一直走到底了。

从那里跳到行政楼，看上去真的很吓人。据说，曾有一个醉汉从那里跳了过去，他在清醒以后，发现四处无路，却又不敢跳回来。大家在对面楼上不断对其耐心劝说，并且友好地伸出手来，时刻准备接住他，他才终于放胆再次起跳，幸而安然无恙。

跟这位醉汉的壮举相比，我们的做法就没那么激动人心了。石栏杆后面就是屋顶，十分陡峭，从下往上的高度足有十多英尺。屋顶的最上面，有一个宽达10码的包有铅框的旗墩。这个旗墩并不难爬。我们先让一、二、三号成员爬上旗墩，四号在胸部绑上一根绳索。五号拿起这根绳索，将自己绑到石栏杆外侧，然后抓住四号的脚。负责打闪光灯的人和负责拍照的人站在下面的街道上，一、二、三号则手持绳索站在旗墩上。

绑在绳索末端的四号这时才可怜巴巴地发现，站在高楼大厦的边缘，然后往前跳下去需要多大的勇气。他那又想跳又不敢跳的矛盾心理，都被站在下方负责打闪光灯和拍照的人看在眼里。四号终于跳了出去，但一、二、三号手中绳子放得不够及时，导致四号在跳出以后，又在空中荡回到凯斯学院的墙边。第二次跳跃很成功，四号在凯斯学院和行政楼之间飞跃的身姿，都被负责拍照的人抓拍到了。当天晚上，两次起跳都被拍了下来。但是，让人忍俊不禁的是，负责拍照的人因疏忽大意而忘记关上相机的快门，导致两次拍照的效果都很模糊。

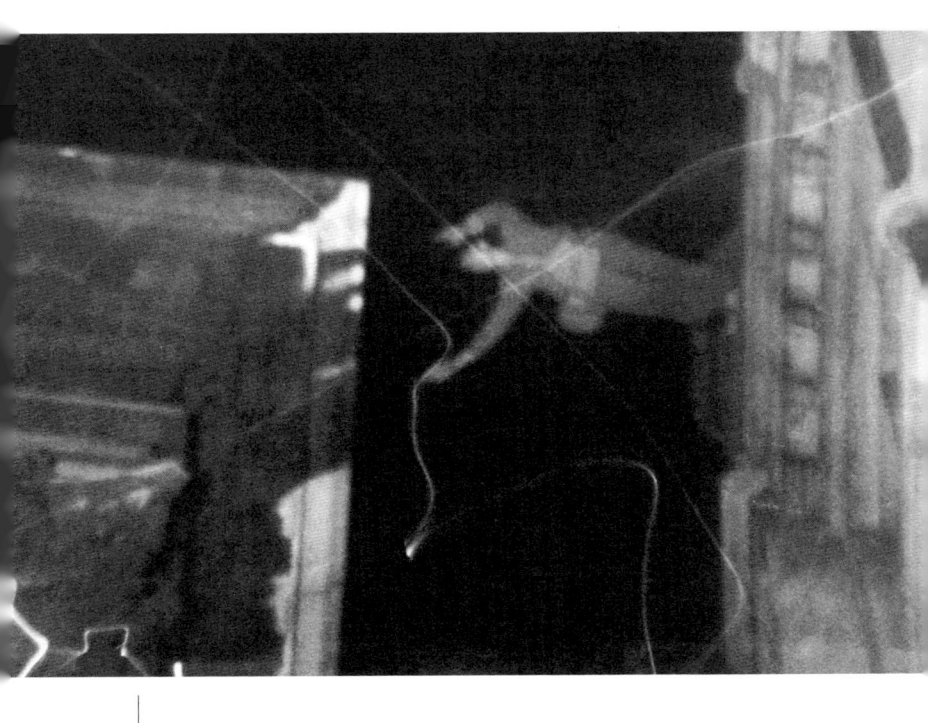

攀爬者从凯斯学院向下跳至行政楼。
"天空中一定有什么魔鬼。"——《约翰王》第3幕第2场

有一次攀爬凯斯学院的时候,我们看到二楼的一扇窗户是开着的。当时正值午夜十二点半,我们爬到那里时,房间里的灯突然亮了。那是一间卧室,里面的人正走到窗前,想拉开窗帘。后来这个人告诉我们,当时窗外一片漆黑,他突然看到人脸从黑暗中冒了出来,朝他不怀好意地看着,脸下方却看不见身体。他顿时被吓得面部扭曲,不成人样,他那惊慌失措的举止又反过来吓到了我们。但整个过程也就持续

了一小会儿,大家马上意识到发生了什么事情,随后相视一笑。他的名字叫作斯特凡[1]。

马莎百货屋顶的攀爬事件也值得一提。我们的夜攀活动成员极少涉足私人房产,攀爬马莎百货的屋顶,算是极少数攀爬私人房产的例子之一了。之所以跟大家提到此事,只是因为涉事的两位夜攀者中,有一位机智地逃过了追捕。

因为当时我们有一位成员认为,在我们的夜攀照片中,没有几张是攀登到建筑物的尖顶后拍下来的。用他的话来说,外行人士想看的不是展示排水管、外墙凹槽的攀爬技术的照片,而是那些犹如爬行在洋地黄[2]上的大黄蜂一般,攀爬在建筑物尖顶上的夜攀者照片。他想到了一个合适的攀爬目标,就是位于小卡里街尽头的劳埃德银行尖塔。

我们知道那个地方。其实,我们早就想爬那座建筑了,也曾花了很长时间勘察过,觉得尖塔下面的建筑是可以爬上去的。但是,我们从来没有认真想过实施这件事情,毕竟那

---

[1] 一位有名气的攀爬爱好者,但有一次,他从凯斯学院二楼窗户爬下来时,却吃了大苦头。斯特凡的人缘很好,大家都很喜欢在他的住处聚会,但他住的地方在午夜后还常有其他学院的学生,这就让校方很不高兴了,他自己也不想惹来麻烦。有一次,午夜十二点半,朋友们正在他那里狂欢作乐。忽然有人来通知他说,有一帮保安正前来查岗。斯特凡急忙找来他能找到的所有啤酒杯,将杯子都放入盘中,托在一只手上,然后就想从窗户那里爬到楼下街道,以图躲开查岗的保安。要知道这套动作做下来,连受过训练的服务生都会觉得困难吧,何况是斯特凡。结果是,他在攀爬过程中摔了下来,摔断了脚踝。
[2] 一种草本植物,原产于欧洲,开紫色或白色钟状花朵。因其有着布满茸毛的茎叶及酷似毛黄的叶片,又名毛地黄。——编者注

幢建筑属于私人房产。如今，受那位成员意见的影响，大家都丧失了理智的判断能力，都有了攀爬尖顶的意向。于是，我们便跟着他前去一探究竟了。

当天晚上，学校里举行了赛艇追撞比赛祝捷晚餐会，耶稣学院里但凡没有喝醉的人，似乎都在围着篝火跳舞。我们本来打算去勘探一下耶稣学院的顶塔（也是一处尖顶建筑），但被一个保安拦住，不让我们进去。于是，我们来到劳埃德银行，来看一看这里的尖塔，如果可以攀爬，就打算召集队里其他人员，来这里拍摄攀爬照片。

我们翻过了中央影院旁边的栏杆，在一轮明月的照耀下，从一个屋顶爬到另一个屋顶。经过马莎百货的时候，我们闹得动静比较大。而后，我们沿着一根不太高的排水管，爬上了一处带有坡度的屋顶，再通过一排外墙凹槽，到达了尖塔的底部。

爬到尖塔中部稍微容易一些，再往上就是避雷针了，而避雷针的外围是没有攀爬的着力点的。我们检查了固定避雷针的那些 U 形钉，感觉非常牢固，认为爬到避雷针的顶部应该是没有问题的。但考虑到第一次爬过以后，就不应该再爬第二次。因为每爬一次，都会对避雷针的牢固性造成一定的破坏。而且，攀爬者在爬近顶端时的安全保障，可能最多只能依赖两三个 U 形钉的固定力。因此我们原路折回，去找团队里的其他成员，我们之前约定十一点集合。

在劳埃德银行的屋顶上，我们听到了一些动静，但没有太在意。

等回到马莎百货屋顶后,我们又决定去中央影院的屋顶,看看那里有什么情况。但是,我们发现这么做下来,要绕好大一圈,加上因为下雨,我们又躲了十分钟雨,所以还是决定再爬下去。从这处屋顶到下面屋顶,要经过一架梯子,正当最前面的那个人爬到梯子的中途,下面屋顶上突然出现了两束手电筒发出的光。

他以为打手电筒的可能是两位老人,还准备对他们说上几句客气话就迅速溜走,于是就这样爬下了梯子。令他万万没想到的是,打手电筒的竟然是两个便衣警察。他被逮捕后,被关押在一个小房间里,警察则继续去找其他攀爬者。这时他才得知,这幢大楼已被警察团团包围了。小房间的墙壁上光秃秃的,什么都没有,只有两则告示。在被关押并等待审讯的那段时间里,他说服了看守帮他把这两则告示抄了下来。第一则告示:

《乐观》
冒着蒸汽的水壶,
滚烫的水在壶喉,
却仍要一展歌喉。

这则告示鼓舞人心。
再看另一则:

《试为之》

据说此时不可为，

他却轻笑以对之。

或许的确不可为，

但若未经试为之，

岂能妄说不可为。

由于上面较高的屋顶只有约半个网球场那么大，四周都是光秃秃的墙，警察坚信其他攀爬者是逃不掉的。可是，既然上面没地方能藏身，警察在上面又搜不到人，最后只得悻悻而归。被抓的那个人戴着手铐，被押走了。后来他在日志里写道："在警察办公室，我遇到几个老朋友，其中还有警察……然后就不那么紧张了。"有好几个人为他作证，说在什么时间、什么地点见过他（有一位威尔士巡警说见过他六七次），他们为他向督察开脱，说他只是一个喜欢跑到大学楼顶向士兵挥手搞怪的怪人，不会对社会造成危害。看来和警察搭上点朋友关系还真的有好处。督察告诫他，别再攀爬剑桥建筑了，然后就把他释放了。事发三个月以后，也就是本书写作之时，整个剑桥都再无攀爬事件发生。从这位伙计的攀爬日志中看，他所记载的内容更丰富一些，只不过在具体细节上不太连贯：

"凌晨两点钟，那些警察同意把我放了。我很担心 C 的安全，因为据威尔士巡警所说，在 C 逃走的路上，有一摊摊的血迹，他肯定是流了不少血。不过，万一巡警是在骗我呢。于是，我就假装说这太好笑了，我才不在乎 C 受伤与否。后来的事实证明,他的确在骗我,但他这个人不坏。

"路过马莎百货的时候,我看见一辆小汽车停在外面。原来是马莎百货的经理,他在事发三个小时后才姗姗而来。我在心里很想开他一句玩笑:'怎么啦,被偷了?我们抓小偷去。'但我没有这么说,只是朝车里探头向他轻声解释,我就是被警察抓住的人,但我没做坏事,只是闹着玩儿(我这唯恐天下不乱的脾气,总有一天会吃不了兜着走)。经理的表情看上去似乎颇为痛苦,他责备道:'闹着玩儿?我有一个月没睡个囫囵觉了,今晚好不容易才睡个好觉,就被你给搅和了,你居然说是闹着玩儿。'我没管他,径自往前走了。

"我们的汽车被开进了车库,车库大门被锁上了。于是我走了300码,来到马莎百货一位雇员的住处,想问他要车库门的钥匙。他让我去切斯特顿的黑格路找H先生。有一位警察把他的自行车借给了我,一开始他还好奇地问我,说当时他正在巡逻,问我们是如何躲开他的,简直就像是'拯救埃塞俄比亚'中的那一出嘛① (至于他是如何获悉此事是我们所为,我就不得而知了)。这位警察说:'你们一定是仔细地侦察过我的巡逻路线了。你还记得我在跟一个卡车司机聊天吗?当时他就靠在他卡车的车轮边上。'要是在九个月以后,他再来问我当时发生了什么情况,那可真要有个好记性了。这才多久啊,可我一点都不记得当时有什么警察和卡车司机,于是我只得回答说:'我们当然有侦察啦。'这位警察

---

① 所谓的"拯救埃塞俄比亚",我们将在后面章节里加以解释。

似乎认为是我们把时间安排得如此巧妙才逃过了追捕。从他所说的看，我们只差几分钟的时间，就肯定都被抓了。

"这位H先生曾经以60英镑的价格，卖给了我一辆烂车。但这次我很抱歉，要在这个时候把他从床上弄醒。他殷勤有礼地走过来，可面部表情似乎有点痛苦，好像在怪我没有先叫醒他的手下人来开门。

"等我到家时，都快到五点钟了。"

一位伙计被抓，另一位却成功逃脱，并且逃脱的经过也很有趣。这位伙计当时不知道前面发生了什么情况，但他觉得自己作为一名三一学院的学生，只要被警察抓住在攀爬马莎百货，自己的学业肯定就会完蛋。他觉得在那个时候只能盲目地冒险一搏了。所以当他看见有人爬上了梯子，便迅速地冲上身旁足有6英尺高的墙体，爬到了与他当时所在之处相比，面积小一点的屋顶上，然后迅速跑到这片屋顶的东侧。

在这片屋顶的东侧，往下12英尺，有一个边长10码左右的正方形平台。由于屋顶东侧有一个墙体凹槽，他便顺着这个墙体凹槽向下滑到了正方形平台上。同时他也知道，一旦自己从上往下滑到平台，就不可能再从平台爬回上面的屋顶了。这处平台的三个边上都有高墙，只一边没有，可以从那里跳下去。不过，因为这个平台临街，如果他找不到可供自己爬下去的排水管，肯定会被抓住，要不只能硬跳下去。

他的运气很不错。他在那里找到了一根排水管，沿着排水管往下爬了20英尺，接着用手扶着墙壁，横向越过两个窗台，终于抵达下面的过道。我们在此附一张图，帮助读者看懂这位攀爬者的自述文字：

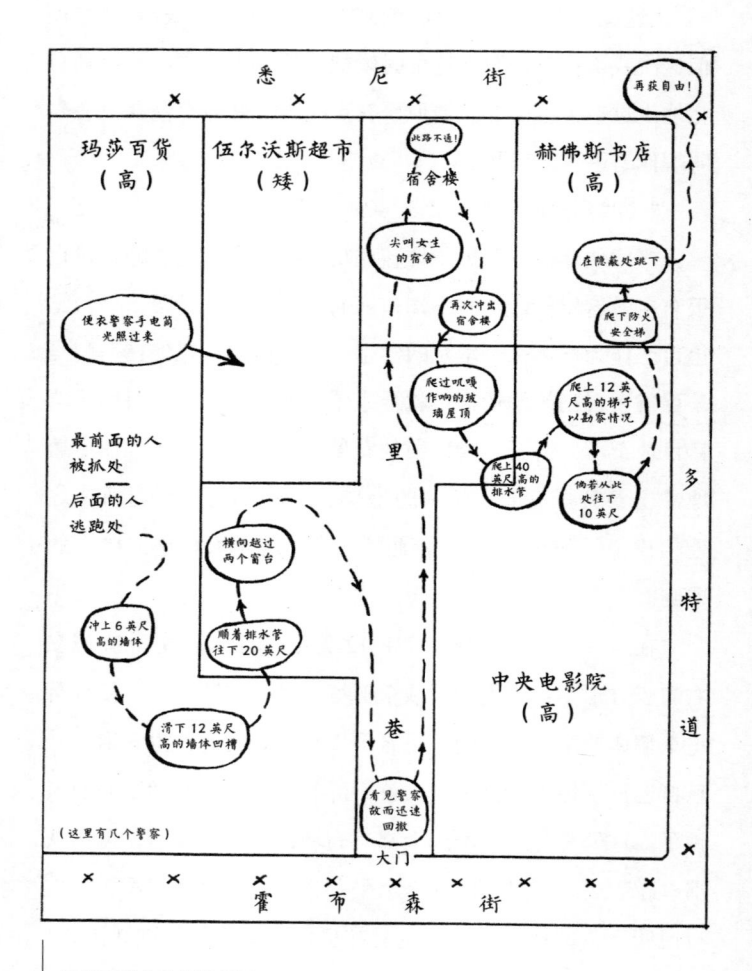

马莎百货的逃脱路线图。

"接着我就往街上跑，但往墙那边一看，心想没希望了①。所幸我没有把门锁上，赶紧又返回把门从里面反锁，以防他们看见我。而后，我转身冲进一幢宿舍楼，谁知正好跑进了女生宿舍，把她们吓得连声尖叫。我赶忙道歉，请她们不要出声，随后又冲出宿舍楼，但在出去的时候，差点迎面撞上警察的手电筒光。当时我心想，这次肯定玩儿完了。于是我又再次返回宿舍楼，爬上一段楼梯，冲进一间正对着悉尼街的空房间。看到这条街上没多少人，刚想这里可以跳下去②，不巧这时来了一个督察在此晃悠，只得放弃，况且从这里跳下去，还挺高的。我又冲出了宿舍楼，发现那些拿着手电筒的警察已经走了，便穿过玻璃屋顶，爬上了对面大约 40 英尺高的排水管。攀爬过程很累人，因为那里的墙体非常光滑……有点像是釉面砖。爬到顶上以后，我发现那里非常宽敞，四周一览无余。在那里，我感觉仿佛整个剑桥的人都在搜捕我。直到我看见楼下周围的一切恢复正常，这种感觉才开始消失。从我所处的位置往下 10 英尺，就是电影院的屋顶。但我在想，如果我跳下这 10 英尺的高度，我就可能再也爬不上来了，而电影院的屋顶似乎又没有其他的逃脱路线。因此，我爬上了一架梯子，登高望远，看见下面还有一架防火安全梯，我便很快跑到那里，跳到下面的过道上，

---

① 图中显示此处有警察。——译者注
② 幸好他没有这样做，因为当时至少有三个警察在那里监视着这栋建筑的动静。

然后就走了。这一下子还让我感觉到有点没玩够,有点扫兴……在那一刻,我甚至都喜欢上了被人追捕的感觉!"

写这则轶事占用了不少篇幅,实在是抱歉。现在,让我们再来好好谈谈攀爬这项严肃的运动吧。

市集广场喷泉可是小试身手的一个好去处。不像校内的那些建筑物,市集广场喷泉的那堆石头真是破烂不堪,一点都不牢固。甚至那里的四个中央拱门,就算只承载一个人的重量都会咯吱咯吱作响。我们觉得它随时都有可能坍塌,所以没有试着去爬上拱门的顶端。不过,这种状况不可能维持多久,那里几乎已经变成废墟了。以防将来市集广场的拱门会被修缮,我们还是在这本书中记下一笔。毕竟,那里以前还发生过好几次攀爬事件。

喷泉的中心有一座浮雕,借助这座浮雕,攀爬者可以爬到拱门上面,找个位置坐下来。从那里伸出一只手,挽住拱门的拐角,只要浮雕的建筑结构还算牢固,剩下的事情就不困难了。虽然乍一看,这里的攀爬任务似乎很难完成。

因为市集广场几乎总有一名警察在巡逻,我们必须把握好时机才能进行攀爬。有一次,我们中有两个家伙摆好姿势拍完照后,刚从拱门上跳下来,就有一位警察从拐角绕了过来。负责拍照的没用的家伙哈里正准备开车,跳下来的那两个人示意哈里赶紧把车开走,而他们则利用喷泉与警察兜起了圈子。

攀爬市集广场的喷泉。

哈里这个笨家伙，居然慌得绕着市集广场打转，怎么开都开不走。他只好放慢车速，完全不知道下一步该往哪儿开，结果又绕了第二圈。接着，又开始绕第三圈。大家可以想象当时的事发时间（凌晨三点钟）和地点，想象他开车绕圈本身就已经相当古怪了。

场面实在是滑稽。那位警察看到了这幅可笑的场景，居然将他的自行车停靠在市政厅的墙边，转过身来，欣赏起眼前这如同黄鼠狼东奔西窜般的滑稽表演来了。躲在喷泉后的两人一看，不行，这也太荒唐了，得拿出外交部部长的庄重架势出手相救。他们先是撇清责任，而后亲切友善地向这位警察解释，说起整个事情的原委。这位警察对这个世界本就有些不忿，要不是因为发生战争的缘故，他应该会当上校长，他也比较认同年轻人有想法。所以，最后一切顺利收场。

而在此时，哈里这个笨家伙，他还以为自己的那两个同伙遇到了麻烦，使劲按响汽车喇叭，更加卖力地将车开得哐啷哐啷响。他在换挡时，汽车发出的咕咕咔咔的声音，简直比得上护崽的雌火鸡向偷鸡崽的狐狸发出的急切的怒吼声。那种因汽车齿轮咬合不上发出的动静，连几百码以外的人都能被惊醒。警察终于看不下去了，他要求查看哈里的驾照，所有人都笑作一团，而哈里这个家伙居然笑得最响。夜攀活动之所以让人着迷，就是因为会有诸如此类的小插曲。

不讲市集广场了。我们沿着谷物交易街往下走，这一路上，你会看到在街道右边裸露着很多排水管。善爬排水管的人，这时恐怕要心痒难耐了。让他尽情去攀爬这些排水管吧，我们要拐到彭布罗克街的东头了。

从彭布罗克街的东头走到特兰平顿街，这一段路程是所有攀爬高手的竞技乐园。在这条长达300码的街道上，有着太多可以攀爬的地方。有关这里的情况，足以写出如同《三一学院攀爬指南》一般大小的攀爬手册来。我们曾在这里闲逛了数个小时，以探查可能的攀爬路线。不管将来用不用得着，我们把这条几百码的街道上几乎所有可以用于攀爬的凸缘和着力点，都记了下来。但此时，我们只谈这里的两处排水管。

在剑桥谷物交易街的拐角处，有一根很细的铅皮排水管。这根排水管直通屋顶，中间经过两扇窗户。我们决定试爬一下。

这根排水管紧贴墙体，但在墙体上固定得不牢，排水管本身也很不结实。这里墙体的石块上有凹槽，可是这些凹槽太窄，在凹槽与排水管之间的空隙里，我们仅能插入一根手指。假如这些凹槽更宽一些，更深一些，我们就有可能将其当作梯子，踩在上面直接爬上去。但面对这么窄的凹槽，就很棘手。几个负责拍照的同伴也试爬了一下，最高只爬到了上面窗户的窗台，不过他们也只试了一次。

爬到窗台上的那位同伴，发现自己骑虎难下了。那天晚上，天气寒冷，寒风刺骨。他的手指上又承载着重压，渐渐麻木而失去了知觉。他自己在窗台上，上也上不去，下又下不来。幸运的是，窗台上有两根装饰柱。于是，他在其中一根装饰柱上绑了一根绳子,打上结,顺着绳子溜了下来。这次攀爬经历,实在是狼狈。

攀爬唐宁街上的排水管。

从这个地方往左边走 10 码，还有一根排水管，这恐怕对攀爬者而言更有吸引力。这根排水管是铁制的，管体厚实，还与墙体之间有间距。但要攀爬这根排水管，得先翻过一堵 6 英尺高的墙。大家会认为，既然这堵墙 6 英尺高，等爬上去后，用胳膊吊在墙头，从墙体的另一面跳下去，脚离地的距离应该只有几英寸吧。可是，假如你没有冒冒失失地马上松手，而是先往下看一眼，就会惊恐地发现，从墙头到地面的距离，足有 15～20 英尺。好在离你几码之遥，还有一个小铁桥，你可以先跨到那里。

而后，你再从小铁桥爬到位于上方六七英尺高的一处窗台上。要直接爬上这个窗台，可不太容易。但那里有一根排水管，离墙 4 英寸远，你可以双脚踩在一小截排水管上，来帮助自己爬上去。你要扶着墙，向右横跨几英尺，踩到排水管上。然后只要往上爬 6 英尺，就可以到达窗台。但要知道，如果你从这里摔下去的话，到地面可有 20 英尺。

我们中有一位成员，第一次爬这根排水管，爬到离窗台只有几英尺时，觉得实在太累了，爬不动了。当时他穿的是运动鞋，发现很难夹得住排水管。更让他失去信心的是手电筒也没电了，他只好又从上面爬了下来。那天晚上，一直到后来很晚，他才肯第二次试爬。

这一次，他感觉好爬多了。他没有把脚横放在墙体凹槽里，而是一直保持脚尖向墙，脚跟朝外，用这种办法，他毫不费力地爬了上去，下来的时候也很轻松，没有累得气喘吁吁。从这以后，他就有了一个怪癖，每次攀爬结束，他都要说"太好了,太棒了!"

这幢大楼里大约每隔十五分钟就会传出某种机器发出的怪声,先是嗡嗡作响,逐渐变成隆隆的声音,而后又变成了嗡嗡之声。我们不能确定这种声音是不是用来防贼的。如果是的话,那么它对于我们这些夜攀爱好者来说,简直就像那些用来吓唬喜鹊的稻草人,毫无作用。

关于这根排水管,终于讲完了。接着,让我们沿着彭布罗克街,往特兰平顿街的方向走。在彭布罗克街的右边,有不少难度较大的攀爬点。左边也有几个攀爬点,在彭布罗克北面及彭布罗克桥上。等我们将彭布罗克街走到底,向左转,再往前走几百码,就是菲茨威廉博物馆了。当时,我们队里负责拍照的人数变少了,只剩两个人,还住在离剑桥50英里[①]以外的地方。时值圣诞节与新年之间,这是人们每年都会忘掉的日子,这些日子无声无息地夹在两个节日之间,天气也不好,不是有雾,就是下雪结冰。在那些日子里,我们白天睡大觉,晚上再出来活动。来读一读夜攀日志吧。

"我们十二点左右起床,去拿照片。我们一共拍了16张,也洗出来16张。我们感到很满意。不过,有的照片拍得比较好,有的照片在拍的时候没有对好焦。

"晚饭后,我们仍然没能找到第三个人。我打电话给杰克·S.,但他不在。吉姆·B.也来不了。晚上十点半,我给剑桥的G女士打电话,令我高兴的是罗尼和她在一起。我们

---

① 英美制长度单位。1英里合1.609公里。——编者注

约好午夜去接罗尼,一过十点四十分我们就出发了。我们以前在俱乐部晚会上见过,他不是很喜欢夜攀活动。但是,我不愿让埃里克昨晚的准备工作白做。

"接到罗尼的时候,正好是午夜。我们把车停在菲茨威廉街,而后翻墙跳到博物馆那边。接着,绕到靠右手边的雄狮雕像上方的外墙凹槽。此刻,天气更加寒冷,我回去拿备用灯泡和手电筒的时候,他们都被冻得瑟瑟发抖。

"我爬到外墙凹槽的顶上,他们给我拍了一张照片(有一天晚上,我也是爬到了这个位置拍照,只不过当时相机在我正面,并且距离也更远一点)。这处外墙凹槽位于博物馆东北角的一个雄狮雕像的上方,宽度很理想,里面还有不少垂直槽沟,能有效防止攀爬者双脚(及身体)发生侧滑。

"从上面爬下来以后,我们绕到了博物馆的背面,沿途我们注意到博物馆西北角的外墙凹槽也很好爬。

"博物馆背面的外墙凹槽,有一半是靠在西墙上的。在这个位置上,有一高一矮的两幢建筑连在一起,高建筑与中央矮建筑高度相差10英尺左右。要抵达这个攀爬点,你必须先走过一条碎石小路。一路上,脚踩在碎石上的声音很响,似乎能传到远处的几幢建筑那里。往前,会看到一大丛竹林或灌木丛,再往前,就到外墙凹槽的下方了。

"爬上一个齐胸高的宽凸缘,就可以轻松地站在外墙凹槽里了。用背靠住拐角,只见对面的墙体向左伸展开去,足有2.5英尺。由于槽沟是上下垂直的,也够深,你可以用背靠在外拐角处。用这种方法进行攀爬,还是很轻松的。这个

菲茨威廉博物馆。雄狮雕像上方的外墙凹槽。

菲茨威廉博物馆。雄狮雕像上方的外墙凹槽。

拐角上有一狭长的石块伸出来，大小正好适合左手的手掌抓握，当作攀爬的支点。

"要完成这次难得的夜攀之旅，还可以借助右拐角处的一根铁条状避雷针。这根避雷针已经生锈，如果你要借助这根避雷针进行攀爬，就要闭上眼睛，以防铁锈干扰。埃里克没有注意到这根避雷针，他是在快爬到顶的时候才看到它，而且他没有借助避雷针，也照样爬上去了。

"唯一需要特别留心的地方，是从建筑顶端往下8英尺位置的一处凸缘，它使得外墙凹槽变窄了2英尺，但你只要小心行事，不借助避雷针，也能翻过去。我们用相机给这处外墙凹槽拍了一张照片。我在屋顶上才刚待了一小会儿，埃里克就跟了上来。当时，我们在屋顶上，沐浴在月光中，景色美极了，对此罗尼记忆犹新。

"从那个屋顶出发，再到图书馆的左楼屋顶，要爬过一堵足有20英尺高的墙。这堵墙的半腰位置上，还有一个凸缘，有4英尺宽。

"还好有一根避雷针，否则可就没办法爬上去了。现在你可以用一只手抓住这根避雷针，身体向后倒，倾成锐角。另一只手抓住凸缘，用力引体向上，爬上去。从凸缘再到左楼楼顶就很简单了。我们爬上高墙以后，在高墙顶上坐了好几分钟，观察那里的地形情况。

"在我们脚下7英尺处有一个屋顶，上面耸立着一个15英尺高的穹顶，就在我们的正前方。

菲茨威廉博物馆的背面。

"埃里克正想往下跳到这个屋顶上,这时我猛然看见,屋顶上有月亮的反光。这屋顶像是玻璃材质的。埃里克也觉得像是玻璃,奇怪的是果真如此的话,那要怎样设计才能支撑得住屋顶中央那个大石头做的穹顶呢?真是一件怪事。

"在石制穹顶上,还散布着许多小窗户,每扇窗户下面都有窗台,这些窗台就在屋顶上方,比屋顶高不了多少。我小心翼翼地往下降,将身体落在一个窗台上。

"这时我的脚下发出'砰'的一声,声音很沉闷,我顿时心生怀疑。那种疑心的感觉,就像是你在马戏团看见壮汉在表演大铁球杂耍一样不真实。于是我弯下腰来进行查看。我怀疑得没错,这处所谓的石制穹顶,不过是刷了灰漆的一层铁皮。我用手指在上面敲了几下,让埃里克听那咚咚声。没过多久,我就爬回了墙头。

"原来放在玻璃屋顶上的,竟是个仿建的穹顶模型。这个设计实在大胆,我们不禁对想出这个设计的建筑师佩服得五体投地。他居然用了几张铁皮和一桶油漆,就仿造出像君士坦丁堡那样的雄伟穹顶。他到底是个什么样的人物呢?实在是了不起。

"不仅了不起,还很有创新精神。因为一旦某种做法得到一次应用,就可能在比原来大得多的范围内得到应用。有了油漆,有了波纹铁皮,就可以在全国大量仿建以前封建时期存在的城堡。既可以用来住人,也可以吸引那些络绎不绝的美国观光客。只要恶人威廉①不带人用攻城木来攻城,只要不起狂风吹坏了铁皮,这些新增的美丽风景,会让英国的农村地区更加富裕。当然,如果有一大群蜜蜂,在仿建城堡的内外层之间安家落户,它们发出的嗡嗡声,也许会被这方圆50英里以内的乡下人误听为发动了新一轮圣战的号角吧,但这也没什么要紧的。

"建筑最好还是有点变化,想到那些千篇一律的建筑,就觉得有些悲哀。我们还是第一次见到眼前的这种建筑物外观修饰技术,所以感觉有点摸不着头脑。我们没在上面瞎鼓捣什么,而是爬回了下面的屋顶。

"这时,我们注意到在街道对面,有一个警察在挨家挨户地敲门巡查。他敲了敲菲兹比利蛋糕房②的大门,让我们感到紧张的是,他居然走进店里去了。

"我们朝着楼下的罗尼大喊,让他注意警察来了。罗尼刚走了30码远的样子,听到我们的叫喊后,立即跑回去,将各种攀爬装备弄到灌木丛中(并藏身其间),他嘎扎嘎扎地弄出了很大的动静。好在这位警察什么都没听见,他踱着方步走了过去,从我们的视野中慢慢消失了。晚些时候,我们告诉警察X我们的经历。他听后非常想笑。不过,又尽量忍着不笑,他说那是警察YZ,说YZ一个晚上要到菲兹比

---

① 西西里第二任国王古列尔莫一世(1131—1166),绰号"恶人"。——译者注
② 位于菲茨威廉博物馆对面,是剑桥学生常去之地,那里出售一种名为菲兹比利的蛋糕。——译者注

利巡查六次，每隔一小时十五分钟就要去一次。'他是刚刚结了婚的人，你们可别指望他会听到你们的声音。'我们给了警察 X 一张照片。在这张照片中，有警察 X 本人，他正在剑桥大学军官训练团排水管的下方，而爬在排水管上的，则是埃里克。

"随后，我们去了圣约翰学院。我们先教罗尼怎么拍照……"

本章节的内容到这里就结束了，我们不谈这几位夜攀者当晚的其他事迹了。我们只想说，罗尼没学好拍照，他把照片拍得一团糟。

第八章

圣约翰学院

"听!听!我听见雄鸡
昂起了脖颈长啼,
喔喔喔!"

——《暴风雨》第 1 幕第 2 场

"魔鬼罚你变得像炭团一样黑,你这脸色惨白的狗头!"

——《麦克白》

现在,我们去爬圣约翰学院。经过前面几章的学习,我们的新手变得更加自信了,有时恐怕没经团队成员同意,就先开始爬了。根据我们以往的经验,新手往往把我们老手抛在后面,所以老手要注意照看着点。难道是我们这些老手不中用了?我们这里就有这么一个家伙,自认为还是个新手,可连老手都会犹豫不决的地方,他却要带头冲上去。对此我们常跟他说:"天哪,你太能爬了。我自己是不会这么做的。"如果我们反复说、经常说,他还是会听我们的。他渴望能像我们那样,证明自己的能力,爬出自己的名头。"我可不会败给小马尔科姆。哎,迈克达夫,我敢肯定他先哭鼻子。抓紧,好了!"这么说吧,我们啃下了一个又一个难爬的"硬骨头",然后还得告诉别人我们爬得很愉快。

从圣约翰街拍摄的圣约翰学院。
攀爬正门的第一段,后面还有第二段和第三段。

现在，我们来到圣约翰学院的正门外。面朝正门，可以看到它的墙上有三根排水管。这些排水管先是笔直而下，而后向左下方弯去。我们选了中间的那根排水管，因为它符合我们攀爬的所有要求：管体坚固，与墙体有间距，中间部分呈之字形，比起另外两根要好爬一些。这三根排水管，都是铅管。

圣约翰学院的正门。攀爬正门的第二段。

这根排水管的前面一段是最难爬的。首先，踩在管道的纽结上，登上窗台，双手用力引体向上，就能爬到排水管左右两侧窗户的拱顶上。我们觉得右边窗户里应该住着保安或住校教师，但不用太担心，不会惊动他们的。因为这根排水管很结实，不会有响动。

爬上防卫墙以后，休息一下，再往右转，爬上一个垛口，跨过一个个的锯齿状垛墙，再抵达方塔旁的最后一个垛墙。现在，我们就来到了要攀爬的第二根排水管。

只见从锯齿状垛墙的顶端往下不到一臂距离的地方，有一条带有斜坡的凸缘，这根排水管刚好从凸缘上越过。从我

圣约翰学院的正门。正门攀爬的第三段，也是最后一段。

们这里往上看，这条凸缘从墙体上凸了出来，所以要爬到凸缘上，应该不费劲。

攀爬者正从圣约翰学院的正门爬至雕像位置。

这个凸缘往左边不远处，又有一根水平走向的凸缘，从那个凸缘到顶端，只有几英尺的距离。到了这个地方，可真是有点难度了。因为我们攀爬的这根排水管，到了水平走向的凸缘这里，就戛然而止了。没了排水管，怎么爬完这最后几英尺的距离呢？直接爬上去是不可能的。往左看，左边有一道间隙，看样子是跨不过去的。不过，沿着这条凸缘，慢慢移动脚步，你会发现是可以跨过去的，而且跨过去以后，很快就爬到塔顶了。

塔上有不少凸出的角塔，从角塔抵达塔顶，还有最后15英尺的距离。不过，这些角塔上都有排水管，虽不太长，但有了排水管就好办了。这些排水管都有雨水斗，雨水斗上方的墙体中，有方形的排水孔将雨水引流到雨水斗中。这些方形的排水孔，就是我们最后的着力点。用手抓住它一用力，就能爬到塔顶了。

这次攀爬圣约翰学院的行动，对于我们那几个负责拍照的同伴而言，很特别。因为他们来参加这次行动完全是"一时兴起"。当时，他们正在去三一学院的路上，准备攀爬第四庭院。但在路上，埃里克很不安分。他跑到圣约翰学院的正门，察看正门的左侧排水管是否适合攀爬。当其他人还不知道他们走到哪里时，埃里克都快爬到正门的顶端了，他朝同伴们大叫，让他们给自己拍一张照片。他在那里等了几分钟，拍了照片，然后又往上爬，爬到了防卫墙上。

不过，比这里更难爬的，是正门正上方的第一扇窗户。要爬到那里，你必须有同伴的帮助才行。先踩着同伴的肩膀，然后紧贴住左手边的墙体。这处墙体的外饰上，有一个大约9英寸高的小石柱。你必须依靠这个石柱向上攀爬，比如你可以把脚挤在这个石柱和墙体之间。在攀爬过程中，你的臂力也会受到严峻的考验。

爬上去以后，如果你忽然玩心大发，还可以站在窗台上，将自己的长袍或罩衣脱下来，披在两窗之间的雕像身上。不过，这种做法很可能会让校方大为震惊。

比圣约翰学院的正门好爬一点的地方，要数正门以南50码处的藤蔓拱门了。这个地方之所以得名藤蔓拱门，是因为以前，这个拱门上爬满了藤蔓；后来藤蔓被剪掉了，所以现在的拱门看上去很整洁。从建筑设计的角度来讲，这个拱门修建得很没有想象力。因为修建它的目的，只是为了遮住拱门后面一个很俗气的院子。拱门上有几个大台阶通到房顶，而这个拱门顶是一个大平台。

我们要爬上拱门，先要蹬上拱门左边的那些栏杆[①]。在拱门凸缘底部，有一块凸出来的石头。踩在这块凸石上，就可以爬到拱门上最底一层的台阶了。有一次，我们把相机丢在了那个台阶上，等到离开剑桥足有20英里时，才想起来。

爬到拱门顶，再花一会儿工夫，就能爬上旁边的屋顶了。这时候，你可以去圣约翰学院最早修建的三个庭院里随便走走，还可以站在屋顶上俯瞰叹息桥。又或者，你还可以从拱门旁边的屋顶上，顺着屋顶的陡坡爬上去。途中，你可

---

① 这些栏杆后来被拆了。

攀爬到藤蔓拱门上方。
左边是三一学院礼拜堂，前方是负责打闪光灯的人。

以用手抓住隆起的屋顶石的边沿，以助自己攀爬。

第三庭院的西面，看起来似乎很好爬，实际上却很难爬。在通往叹息桥的路上，有一条拱廊。这条拱廊上有很多凸缘，一层接着一层，直通顶部。你可以借助这些凸缘爬上拱廊顶。但是，这个方法的难度在于，你除了笨拙地用手按压凸缘做引体向上，再没有其他的方式找到着力点助你爬上凸缘。你每爬上一层凸缘，就离地面高出几英尺，爬得层数越多，就越感到疲劳。攀爬路线相当清楚，但这却不能让攀爬过程变得容易。等爬上去以后，往下爬就很轻松了。

现在，让我们转到后门，来到剑河的西岸，爬过西岸的栏杆（由于某种原因，某些身手笨拙的成员总觉得很难爬，其实真的很好爬），继续向前走，前面会有几幢学院大楼。在这段路途中，一定会有一两名成员被旁边草地上的电线绊倒。

攀爬者正从老鹰门外墙凹槽爬至新庭院回廊顶。

圣约翰学院的第三庭院，很难攀爬，隐蔽性也不好。除了照片中的两个人，还有一人在照片下方攀爬者左边的拱廊上，当时，下方正好走过六位学校老师。

我们来到新庭院的外围，南边有一个大门，我们称为老鹰门。在老鹰门的两侧，各有一对拱壁。拱壁形成的外墙凹槽，可供攀爬者小试身手。这里的隐蔽性极好，是指导新手攀爬外墙凹槽的绝佳场所。从老鹰门两侧的外墙凹槽，很容易爬至新庭院回廊顶。对于喜欢攀爬排水管的人，在新庭院内最东侧，距离回廊3英尺处，有一根十分适合攀爬的排水管。这根排水管与墙体之间有间距，排水管上的铁扣栓都是成对的，既宽又平。我们从未爬过这根排水管，但要从回廊顶上进去，应该不是什么难事。我们中有一位成员，他借助绳子爬进去看过，说那根排水管很好爬。

现在，我们就来到了叹息桥。

据我们所知，第一次有人爬叹息桥的整个桥体，应该是在1923年或1924年。攀爬这座桥，需要相当的平衡感。如果哪位攀爬者的技术不到家，肯定会落入水中。这里的攀爬妙义在于，一旦你从西侧爬上了桥，就再也不能原路返回了。不管你愿不愿意，都只有硬着头皮爬下去。

攀爬这座桥，首先要从靠近桥体西南角的草坪开始。在草坪这里，有一堵2英尺高的宽石墙。宽石墙下方10英尺，就是河水。站在这堵墙上，可以直接跨到从桥体一角斜出的拱壁的凸缘上。这个拱壁约有2英尺宽，4英尺长，其表面没有任何可供着力的地方。在拱壁宽边的两角移动时，你可以用两个手掌抵紧拱壁墙体，以防自己滑落。但是，等你转到拱壁的长边，移向长边的下一角，就是拱壁攀爬过程中最困难的部分了。

这个时候，你要用左手握住这一角，身体沿着拱壁凸缘，尽量向前移动，以接近拱壁的尽头。从你所在的位置至桥体主墙约有 4 英尺的距离，中间毫无障碍。可是，这段距离是必须跨过去的。

开始横穿叹息桥。在剑桥各个攀爬点中，叹息桥是最难的攀爬点之一。

但事实情况是,由于此时你是面对着扶壁,这就让你很难做出跨越动作。这时,你必须放开握着的左手,在身体下落时转动身体,凸缘上的双脚也跟着移动。一旦身体已经开始下落,你必须努力向右靠到桥体的凸缘上。靠上去以后,最困难的部分就完成了。这时,将双脚向下移动约15英寸,落到第二根凸缘上,就可以跨到第二个扶壁的一处凸出饰物上了。再稍微发挥一点平衡技巧,就可以爬上桥面了。

桥的远端有装饰柱,攀爬的时候,还可以通过装饰柱爬到桥面上,这里有两种方法。第一种方法,是先爬上第三庭院的屋顶,虽然这看起来比较容易,但据我们所知,还没有人试过。第二种方法,是先往下爬,爬到这座桥的东北角,这就意味着,你要利用排水管左边的石雕(向下看),用手抓住排水管顶端的雨水斗,然后滑下去。

下桥沿河走20码,而后向右转,经过《圣约翰学院攀爬指南》一书中所谓的"炉孔"。再爬大约15英尺,就到达第三庭院了。

在我们看来,若平时没有经历过特别困难的攀爬活动,从技术角度考虑,要攀爬叹息桥十分有难度。在1924年的《剑桥评论》中就有攀爬此桥的相关描述:攀爬者落水后,水花四溅,这似乎让旁观者觉得特别有趣,他们立刻爆发出一阵开心的大笑。这一点,让我们想起华兹华斯所说的:

一头牛,五个讼师吃。
你若想知道怎么吃得掉,

我们得说,

你和我,

觉得他们现在吃不掉。

当然你也可能觉得,这文字与攀爬叹息桥没有什么关系。

新庭院内的排水管。攀爬者的身下就是回廊顶。

现在，我们不谈圣约翰学院了，聊一聊新庭院上的新塔吧。与圣约翰学院的大多数攀爬点相比，新塔的攀爬难度不大，但其高度令人颤抖。攀爬新塔分为两个阶段：第一段是从地面爬到屋顶，一共15英尺；第二段是从屋顶爬到塔上，共40英尺。第二段路程的攀爬难度要大得多。

西侧外墙处有一个排水管外墙凹槽，一直往上延伸到外墙中段，我们将从这里爬到屋顶。所谓的排水管外墙凹槽，其实就是位于拱壁与主墙的两根排水管构成的夹角，从地面一直延伸到防卫墙，形成可供攀爬的凹槽。在右手边的排水管上，两个地方略有松动，攀爬时要当心。

沿着排水管向上，可以十分容易地爬到右边凸窗顶部的位置。排水管的左侧还有四扇窗户，这四扇窗户的顶部和底部，都有石台可以落脚，很方便。在这里攀爬，就好像是攀爬一个暴露在外面的水管（当然，你的身后是有拱壁的），或者你也可以利用拱壁和排水管形成的外墙凹槽向上爬。如果是夜间在此攀爬，你可能会先是很兴奋地向上爬，然后突然发觉，哎呀，这拱壁怎么越往高处越窄了，但这时你也几乎已经爬到凸窗顶了。

（这里顺便告诫一下，人们从屋顶往下看这个凸窗顶，都以为它是水平的，而它实际上是有坡度的。这种错觉会让你瞬间产生一种想要向外跳下去的不良感觉。）

从凸窗顶再往上，还有最后12英尺必须沿着排水管爬上去。这时候，千万不要去碰右手边的排水管，而要爬左边的那根，同时将脚下的窗户顶用作支撑点。虽然这个窗户顶比较窄，又有坡度，但由于攀爬者的腿是朝里压的，所以可以把它当成一个水平的横档，用作脚的支撑点。

排水管比防卫墙矮了 3 英尺，且排水管上没有雨水斗，会戛然而止。最后几英寸处有一个凸缘，你可以轻松地抓住顶部，往防卫墙上爬，就可以安全爬到屋顶了。

夜攀日志中写道："大约晚上九点，我们把车停在圣约翰学院后门对面的小道里。我们刚把装备弄下车，就看到晚上出来散步的几个老师，吓得我们赶紧溜走。之后，我们把车停在了码头，然后向三一学院走去。

"正当我们走进三一学院的时候，一个正赶往三一学院纳维尔庭院的保安瞧见了我们，他等我们走过来，跟在我们

排水管外墙凹槽。最后一个上来的攀爬者。

后面，保持着 10 码的距离，手里还不停晃着钥匙串。他肯定是见我们三个脚上穿着运动鞋，身上套着马球衫，还背着装备，认为我们是坏人。为了不让他起疑，我们便大声地谈论起蝴蝶这个话题。

"因为感觉被保安怀疑了，我们便去拜访 M。在 M 家里，我和威利一人抽了一支上好的雪茄，每人还喝了一杯啤酒。随后，我们就离开了三一学院。

"我在三一学院的蓝野猪酒店得到了一条蓝色短裙，是多萝西·G. 借给我的。①在西路，威利把裤子脱了下来，然后费了好大劲儿将它绑在腰间。随后，他又把围巾弄成帽子的样式，夸张地说自己是男扮女装。那时，他的套衫里还藏着一双手套，他右腿的大部分都从裙侧缝里露出来了。

"然后，我们来到圣约翰学院排水管的外墙凹槽处。借助绑在腰上的绳子，我轻松地爬上了防卫墙，接着是威利，然后拉上携带的装备，最后是约翰。威利和约翰都没用绳子，我们把装备拉上来的时候，没有发出什么声响。在屋顶上，威利给约翰拍了张照片，我负责打闪光灯。

---

① 关于这条裙子的来历，还有个小故事。当时我们正在市集广场，和剑桥大学划艇俱乐部里一位比较有名的会员（他个头不高，但身体很壮实）聊天，这时候多萝西来了。她并不认识和我们谈话的这位会员，但还是礼貌地停下脚步和我们闲聊。这时，我们灵机一动，对她说："多萝西，你能把裙子借给这哥们穿一下吗？"多萝西顿时涨红了脸，我们以为可能这个问题问得太莽撞了。不过，她脸红的真正原因稍后再说。裙围只有区区 18 英寸，根本围不住这哥们的腰，只能让人帮他拎着才能拍照。

纽纳姆①风格,"女生就是女生"。

---

① 剑桥大学纽纳姆学院成立于 1871 年,是剑桥特色鲜明的三个女子学院之一。——译者注

"威利和我在今晚的攀爬行动之前感冒了,差点叫停此次行动。如今站在这里,风有点大,一直感觉有点冷。威利的情况还要严重些,他冻得眼泪直流。攀爬的时候状态还行,但在这过程中总会停顿站立片刻,好几次我都感觉有些头晕,就像回到了入夜之前。

"沿着避雷针的导线前行,从一个防卫墙踏上另一个角落的防卫墙。就这样安静地走完一圈,向下一看,意外发现这里的墙有50英尺高。接着,沿着新庭院继续前行,爬过不少石板瓦,来到一处凸缘上面,再爬过几个防卫墙,就到塔底了。

"我们选择了有避雷针的这一面进行攀爬。

"这里以前有一根生锈的金属丝状的避雷针,D还在上面爬了6英尺,现在这根大避雷针是后来换上去的。这根新避雷针呈带状,比我以往见到的避雷针大三倍左右,被紧紧地固定在墙上。我试着拽了一下,它纹丝不动。

"因为左右两边都有拱壁,形成了一个外墙凹槽,这为我们的攀爬提供了可能性。不过,这两个拱壁之间离得太远,踩上其中一个拱壁的表面,感觉还有些滑脚。由于这两个拱壁都有些倾斜,并不是垂直的,因此可以先让其中一人踩在另一个人的肩膀上,这样就能把两只脚分别踏上这两个拱壁了。接着,他就可以看到自己头顶上方有一处凸缘。这是一个长2码、宽1码的平台。

"如果是攀爬者单独行动，那他就要利用好旁边的墙面，上面有时钟形状的一圈石头可被当作着力点①。就用这个方法去爬最初这一段长达 12 英尺的路程。

"此次攀爬行动中最难的部分，是第二段的这 12 英尺。

"新塔四周都有窗户。若从窗户底测量，新塔会小一圈，其直径会小大约两三码。新塔外角处立着几根梁柱，梁柱与新塔塔体之间连接着坡石，形成拱顶，拱顶上有一些装饰性的物件。如果要把拱顶用作攀爬时的着力点，不是特别可靠。不过，这里的困难倒在于，如何爬上这么高的梁柱。

"沿着梁柱柱体一臂之遥的地方，有一些开口向下的楔形石舌凸出来。虽然对攀爬者的支撑力不是很大，但还是有帮助的。据 D 回忆，当时他是用背膝配合法爬上去的。这种方法在《圣约翰学院攀爬指南》一书中有提及，但被认为是一种备用方法。书中更加推荐的方法是先爬上柱子朝外的一面，然后沿着柱子往上爬。但我并没有用这两种方法进行攀爬，而是用了自认为更加便捷的方法。

---

① 曾有一位攀爬者（如今人在南极）见这圈石头形状貌如时钟，他灵机一动，想给大家搞一个恶作剧。某天晚上，他在这圈石头上画了四个时钟刻度。结果第二天，校长就派保安队长去看守新塔的保安处，问新塔上的时钟怎么不走了。保安接受这个任务后，派了一个人爬到塔上去看究竟是怎么回事，是仅仅上紧发条就行，还是需要维修。等这个人爬上去后，他才发现新塔上根本就没有什么时钟。还有传说，弄出这个恶作剧的那位攀爬者，当时还自称是钟表匠，说给他 5 先令便可修好时钟。然后他爬上了新塔，沿着反方向又把时钟的指针画了一圈。虽然我们对此深信不疑，但这位攀爬者却告诉我们，这个传说所言不实。

"窗户正中间有一根垂直的石条,从上往下将窗户分成了两半。从这根石条至梁柱的距离很宽,把它们当成外墙凹槽来攀爬是不行的。怎么办?你应该先尽可能把脚抬高,抵在这根石条上。然后,尽可能地利用上面的石条作为抓手,

圣约翰学院的新塔。

把另一只脚抵在身后的梁柱上，两腿叉开，人就横跨在了中间。虽然这个横跨距离很宽，你不可能将其作为外墙凹槽往上攀爬，但做了横跨动作之后，你就可以够得着连接柱体和塔体的石拱顶了。只要稍微用点力气，就能爬上石拱顶。等上了石拱顶，就可以像登石梯一样去登塔顶了。在这里，威利拍了两张照片。

"我们准备回去的时候，听见钟声正好敲了十二下。这时我们看见一个保安在新庭院提着灯四处巡逻。我和威利怕被发现，便蜷伏在防卫墙后面。约翰却还在乱动，在灯光的映照下，他黑色的身影倒映在天空中。尽管我们听到他弄出了很大的动静，但并未惹出什么事端。

"在往下爬的方案中，大家心理上很容易选择左边的排水管，因为这根排水管更加靠近凸窗。一开始，威利和约翰都选择了这个错误的方案。而选择从（往下看）右边的排水管往下爬的话，你就可以利用窗顶，把它当作落脚点。

"这个攀爬过程花了我们两个多小时，没干其他的事。"

除了那三张照片拍得不算好之外，其他就没什么要说的了。要想把照片拍好，得重复攀爬六次才行。有一次，因为外墙凹槽里光线不好，笔者当时在凹槽里，感觉真是伸手不见五指。还有一次，在黎明第一缕阳光的照耀下，我们看到三一学院的一个保安正站在河边望着我们。这就是本章开头引用那些文字的含义。为了能拍到白天的照片，我们还曾速战速决，快速爬上塔，随后又迅速撤离。但不久以后，我们却得知有两个男生因攀爬国王学院礼拜堂而被勒令退学。这

白昼登新塔。

两位男生被发现的时候,已经爬完了距离顶端的最后 40 英尺,若是他们还能完成往下 90 英尺的回撤并顺利地逃脱追捕,那就相当精彩了。当时已经是他们在校的最后一个学期,对于校方勒令退学的决定,这两位男生的心情是十分焦急的。虽然学业完成不了了,但攀爬行动倒是完成得不错。还有一次,我们在排雨水用的"自行车道"上的一个长方形深槽中,发现了一只死去的天鹅。这只死天鹅的颈部耷拉在背上,被塞在叹息桥顶部的小洞中,可能是为了防止被人发现吧。后来，我们再探桥顶时，发现死天鹅不见了。是什么人杀了这只天鹅，又为什么煞费苦心将它藏匿到那个地方，也许永远都不会有答案了。但夜攀者应该不太可能在攀爬桥顶时，费劲地将一只死天鹅拖 50 英尺，然后放到桥洞中。所以，杀害天鹅的行凶线索就指向老师和保安了。这让我们想到几乎每个剑桥本科生都知道的一首五行打油诗：

> 圣约翰学院有个学生
> 曾试图开枪打死天鹅
> 保安发出了一声大喝：
> "快出来啊别待在水里，
> 天鹅是留给老师们的。"

看来，这真是最令人惊讶的预言。

攀爬圣约翰学院的后门。

第九章
圣约翰学院礼拜堂

写这个章节的时候，我们有些犹豫不决。因为我们并未真正攀爬过这座礼拜堂，也未曾做过攀爬的准备。在很长一段时间里，我们一直惦念着这座礼拜堂，甚至都想试着去爬一下了。我们曾花过一两个晚上讨论是要爬这座建筑的塔楼，还是爬其他某个地方。后来，我们团队中有几位优秀的攀爬同伴陆续退出，导致这个计划被搁置，并渐渐被我们遗忘了。那些理应攀爬过这座礼拜堂的人，似乎都默契地保持沉默，对此避而不谈。关于这座礼拜堂的情况，我们曾询问过六个人，却没得到什么回应。

然而，在经过一番实地调查后，我们认为这座礼拜堂是可以攀爬的，并且这里可能早就有人攀爬过了。根据这份调查结果，我们对上述可能攀爬过礼拜堂的人的沉默不语，感到更加困惑。有人告诉我们，在我们怀疑攀爬过此处的先行者中，曾经有人在攀爬过程中摔了下去，幸亏系绳保险措施做得好，这才躲过一劫。不管真实与否，我们认为这一点应该就是他们保持沉默的原因吧。

圣约翰学院礼拜堂。

有两位很优秀的攀爬者不是同一代人，据他们所说，圣约翰学院礼拜堂是不可能爬上去的。他们发现要爬上礼拜堂的窗户顶，相对容易一些。但从这些窗户顶到塔顶，有15~20英尺的距离，通往塔顶途中还有伸出来的悬挑[①]，这就难办了。不过，还有一位朋友引经据典，他用《三一学院攀爬指南》第一版中作者的话，说圣约翰学院礼拜堂并没有那么难爬，并且有人爬上去过好几次，其中有人系绳攀爬，也有人徒手攀爬。我们决定亲自实践一下。

为了去礼拜堂的塔顶上"欣赏风景"，我们团队中有人从院长那里弄来了手写假条，这才有机会从礼拜堂的旋转楼梯拾级而上。他带了一台相机，从上往下拍了要攀爬的路线。但这对我们的攀爬帮助并不大。而在他站在地面从下往上拍的照片中，我们却发现了此次攀爬的困难所在。

这个难点就是，在位于塔楼窗户拱形顶底部的梁柱的墙体上凸出了一个横档。我们可以想办法站在这个横档上，然后靠到窗户顶上。但从那里往上就没有可手扶的地方了。乍一看，这个方案行不通。因为想要完成这套动作，攀爬者先得爬到窗户较高的位置，利用顶部较小的圆形窗户作为扶手。然后，另一只手抓住上下两个窗户之间的装饰柱，以获得支撑。

[①] 建筑术语。指屋顶或建筑上层向外伸悬出下部墙面的部分。——编者注

从地面往上看，这些装饰柱与墙体齐平，完全没有利用价值。除非从屋顶往下看否则很难辨别它们其实是方形的，只有一个边接触到墙体。攀爬者可将手和前臂楔进有凹槽的墙面，用膝盖支撑在凸出的横档上，这样就可以很容易往上爬了。这种动作可能会让他不舒服，而一旦他成功从窗户登上柱子，剩下的路程就相对简单了。每根柱子在快到柱顶的地方，其与墙体之间都有个小间隙。你可以将手指插入这个间隙，使之成为一个很好的抓手。

除了如何爬上柱子，还有一个难点是站在地面上看不到的。虽然从柱子到塔顶的距离仅约一码，但你必须先穿越栏杆，才能到塔顶。在地面上看，情况并没有那么糟糕，但从塔顶向下望去，情况却十分凶险。

从地面到礼拜堂的塔顶，整体的攀爬难度处于中等水平。在我们团队中，有好几位攀爬者从两条不同的路线成功登顶。其中比较常用的路线，是攀爬拱壁上的排水管，并尽可能地利用拱壁上的圣像，以及圣像头顶上带尖顶的顶篷。

大约在十五年前，有两名攀爬者爬上了这座礼拜堂的屋顶，想要继续攀爬礼拜堂的塔顶。那是一个冬天的夜晚，他们在陡峭的屋顶上奋力前行。在爬往屋脊的途中，不小心弄响了一些瓦片，发出很大的声音。响声惊动了不少人，他们聚集到大桥街的灯光下，想看看发生了什么事情。攀爬的两个人只得匆忙放弃了登塔计划（原定需花上一整晚的时间），返回"自行车道"，其中一人已经在往地面的方向爬了。

就在那时，塔门突然"砰"的一声打开了，里面走出一名保安,正向礼拜堂的屋顶方向而来。

保安绕过礼拜堂半圈就能看到他们了,所以他们要在半分钟之内溜掉才行。还在屋顶上的那位攀爬者,断定自己无法在这么短的时间内爬下去,就跨过栏杆,爬到拱壁的外侧,想藏起来。而正在爬下去的那位攀爬者,因为慌不择路,把自己的处境弄得很危险。当他爬到圣像头顶带尖顶的顶篷处,并没有像往常那样谨慎,而是直接抓住一块凸出的石块当把手,但石块并不牢固,居然断了。就这样,他从25英尺高的地方摔了下去。

奇怪的是,他却伤得不重。因为这位攀爬者一直坚信,要做好攀爬事业,必须在摔下来的时候学会如何不伤着自己。为了应对最坏的情况,几个月来,他每天都坚持训练,让自己从高处下落。

这位攀爬者的努力终于得到了回报。危急关头,他在空中蜷起身子,找准时机弯曲膝盖,毫发无损地逃走了。

与此同时,还在屋顶上的另一人正在利用柱子作为掩体,敏捷地和保安躲猫猫。每次保安从他面前经过时,他都赶快沿着柱子移动身体,成功躲避了保安的视线。保安找不到他,便认为他们肯定是爬下墙壁,溜走了。

在那些不善攀爬的人看来,攀爬老手具备的这种技能,简直就像魔法一样令人惊奇。曾有一个朋友(他们一般都很聪明),指着高达40英尺、没有任何着力点的监狱红色外墙,问我们这样的建筑能否攀爬。他认为,墙体上砖块之间的间隙足以让他攀爬。

现在,让我们来看一篇攀爬日志。这篇日志摘自 1926 年的《背包客俱乐部杂志》,文中写道:

"虽然很少有人认为圣约翰学院礼拜堂比国王学院礼拜堂更加美观,但前者的高度的确胜过后者。在剑桥所有的建筑中,属它最高。整幢建筑呈细长的 T 字形,交接处耸立着一座巨大的方塔。塔身附有三个塔脊,起于约 80 英尺高的位置,再往上直耸 70 英尺,才到达塔上栏杆。距离副塔脊上方约 15 英尺处,同时也距离主屋脊仅 9 英尺处,有一圈很大的横档伸出来,环绕在塔体周围。在这圈横档的下方有不少方形排水管,排水管本身并不高,管顶上都配有铁制的雨水斗,从雨水斗往上 3 英尺就是横档。这就为我们从副塔脊攀爬上去提供了多种可能性。再看横档上方的每一面塔墙上都有三扇对开的百叶窗,所以要攀爬接下来的 30 英尺路程,大有希望。这些百叶窗上有很小的菱形柱,有倒 V 字形的塑模,最上面还有一个圆花窗,再往上看,就是这圈难爬的横档了。

"最先攀登这座塔的人,是琼斯和罗宾逊。他们首先借道走廊顶来到了排水槽,然后沿着陡峭的外边沿,爬上了一个副塔脊的顶端,因为外边沿参差不齐,在攀爬过程中正好可以作为扶手。从塔脊一直爬到排水管的雨水斗,并不是很困难,但要从雨水斗翻到上方的横档上,就很困难了。攀爬者必须伸出一条腿,放到带有锯齿边缘的雨水斗上。雨水斗只有 9 英寸宽,与墙齐平。攀爬者要勉强借助头顶上的横档作为扶手,才能站到雨水斗上。这一段路程,可以说是整个攀爬过程中的'艰难之地'。但在登上雨水斗之后,琼斯和罗宾逊没能继续往上爬。因为悬伸在他们头顶上的横档在当时看来难以逾越。

"在这样的条件下,我们没办法继续前行。但琼斯认为,如果先从塔顶上放一根绳子下来,做一个考察研究,我们还是有机会上去的。听他这么一说,我们中有些人觉得值得一试。我们做好了攀爬前的安全工作,还通过各种'非法'途径,弄到了一把塔顶楼梯的复制钥匙,从而可以从楼梯通过栏杆,直达塔顶。我们在上面发现,横档下面的某些装饰物足以作为攀爬的扶手,使大家能轻而易举地低下身子抓到一根菱形柱子,从而使翻过陡峭的横档变得异常简单。那时候,我们简直高兴坏了。如果这个方案可行,那么往下爬到窗户之间的柱顶上就不是什么难事了。到那时,只需凭感觉迈上一步,攀爬者就能到达拱门的下方了。而百叶窗上面的圆形窗户,正好又是一个很安全的位置,虽然空间有点狭小。到那时,整个塔顶就是我们的了!剩下的就是爬上去了!

"尽管困难重重,我们三个人还是带上一根160英尺的绳子就出发了。我们决定从塔远离学院的那一面往上爬,以防被院长和保安发现。

"到达横档底下的时候,我们已经把绳子系在了身上,我开始爬几乎倾斜了70度的斜坡。对于琼斯来说,这或许还算不上什么,'很容易嘛'。但是对于我们来说,这真是世界上最苦的差事。还好有那个扶手,虽然有点摇摇晃晃,但在那时候真是根救命稻草。跟在后面的那个人太累了,当他爬上了塔脊时，差点不小心从另一边掉下去！跟在后面的第三个家伙半途而废，他放弃了，然后就下去了。很明显，我们的队伍不够强大，想要前行似乎很难。为了不错过这次攀爬，大家决定让已在塔脊上的两个人从上面放绳子下来。就在他们刚刚到达排水槽，把绳子往下放的时候，礼拜堂里突然亮起了一束很强烈的灯光。原来，是一个警察正在大桥街上巡逻。危险迫在眉睫。要是他惊动了保安发现我们，我们可就麻烦了。因为排水槽正好抵着塔的墙体，保安沿着靠学院这边塔体的阶梯拾级而上，便能轻而易举地抵达排水槽这里。我们藏身在黑暗中，一动也不敢动，只是骑坐在陡峭的塔脊上，身体僵硬得微微发抖。警察的灯光以之字形在礼拜堂来来去去照了好久，一直没有照到我们。终于，灯光消失了。但没过多久，它又重新出现在我们的正下方，又一次开始了它的搜寻。这时候，其他人都已经溜掉了。他们发现在黑夜中，屋脊的形状与人体的形状融为一体，很难辨别，于是赶紧抓住这个机会，沿着塔脊飞速滑下，这速度甚至快到磨得他们的裤子都散发出烧焦的味道！

"几个星期后，我们又尝试了一次。这一次，我们又带了一个新手，我们叫他费舍尔。他天生善爬，即使身处艰难的环境中，他也坚持不懈。这就是我们攀爬者所需要的真正精神。这一次，我们选择靠近学院的这一面塔体。因为我们觉得，虽然攀爬这一面可能会被保安发现，但和警察比起来，保安要和善一点。和上次一样，我们再次抵达表面粗糙的塔脊，最终抵达排水管这里。然而，如何爬上排水管上的雨水斗，这可难倒了我们。整整两个小时，我们几个不仅要想方设法解决这个问题，还要谨慎地关注着保安是否发现我们。但一切都是徒劳。

"尽管有了费舍尔在上面的帮助，这也仅证明了80英尺长的登山绳的弹性不错。想到已经爬了这么高，现在却败在雨水斗面前，我们不仅垂头丧气，而且又气又恼。马上就要黎明了，我们不得不无功而返，开始更加努力地思考对策。

"六个月后，我们的想法成熟了，准备付诸实践。这一次，明月挂在无云的夜空里。当值的保安都在安安静静地睡觉，据说院长也比平时睡得更沉，真是个好兆头。不过，塔顶楼梯间的那把钥匙不知道放在哪了，这下可没有直通塔顶的捷径了。成败在此一举。

"我们构思出了一个新方案，决定在攀爬排水管的雨水斗时，利用箍筋绳作为攀爬排水管的落脚处。这个方案得到了大家的认可，费舍尔试了两次，第二次就成功爬上了我们一直期盼到达的横档。几分钟后，我也开始往上爬。由于没有箍筋绳的助力，爬上横档的时候依然艰难，我差点要借助绳子才能继续。等我们全体爬上去，站在狭窄的横档上环顾四周时，发现在我们上方还有50英尺……

"我们又开始继续向上爬，确信这次一定能成功。百叶窗比较容易爬，我爬到了一个舒适的位置，然后把费舍尔拉了上来。但等他也上来的时候，我们才发现那里的空间十分拥挤，我们两个人几乎完全没有办法移动了。费舍尔只得艰难地横移到一个柱顶上，我看他身手敏捷，以为让他再往前稍微挪动应该也没有什么问题。但我想错了，我忘了这是他第一次攀爬。对于一个首次参加攀爬的人来说，从柱顶上爬下还是有点困难，很冒险。我先试了一下，没有成功，于是就横移到对面的柱顶上。这个地方非常局促，我们两个人都必须徒手横移过去。最终，我们成功了，费舍尔安全到达了自己的位置，而我爬上了最后一个顶点位置（正确的方法应该是让第二个爬上来的人直接去到属于他的位置，以免之后换来换去）。菱形柱顶上的圆花窗正好可以用来拴绳子，以辅助我们最后一个动作，虽然我们整个攀爬过程中可供拴绳子的地方有很多。几分钟后，我们两个人便顶着风，站在塔顶的铅板上了。

"下去的时候比较顺利，虽然在下降到第一个落脚点一半的时候，眼看这根 80 英尺长的绳子就这么吊在半空，晃晃悠悠地画了一条优美的弧线，荡向下面安坐在窗户口的费舍尔，我心里还是有点紧张。如果费舍尔一个不小心从百叶窗往下爬的时候掉下去怎么办？虽然当时他抓得很牢，但万一礼拜堂的整个塔也倒下去怎么办？"

上述的精彩历程中有几点很有趣，值得引起我们的思考。

首先，这次攀爬行动比任何其他攀爬行动更证明了，在剑桥，也许某个具体的攀爬目标看起来难爬，但是优秀的攀爬者却有不同的看法。既然已有两位攀爬者成功地爬上了窗户顶，我们就要相信，爬上排水管顶端的雨水斗也不是很困难。我们还曾专门问过这两个人关于如何攀爬雨水斗的问题。他们二人互不相识，也和我们一样，没有读过可供借鉴的前人攀爬雨水斗的文字记录。但二人都很坚定地认为，雨水斗很好爬，谁都能爬得上去。

我们觉得关于这个问题的答案就在这里：攀爬者必须"伸出一条腿，放到带有锯齿顶的雨水斗上"。这句话乍听起来让人很不舒服，不过，如果你先爬到腰和雨水斗齐平的位置，然后将一只胳膊伸上去助力，是不是就简单一些？用脚抵着墙往上爬，这并不需要很大的力气，而且我们之前在爬其他排水管的雨水斗时就这么做过，可以负责任地告诉你，确实一点都不难。

另外，之前所有攀爬者都未曾登上的最后 20 英尺，对于上述引文的作者来说，也并没有太大的难度。他只是写道，那是一个往柱顶的"笨拙地横移"，而从柱顶上爬下这个动作，也只是"有点困难，很冒险"。也许这最后一点，已指出了其他那么多攀爬者失败的原因吧。

你可能已经发现，在这个攀爬路线中，最上面的那段路程是极其危险的。不论他是谁，当他朝着柱顶踏上"耸人听闻的一步"时，心里可能都会想着之后自己能否从那里返回。他心里可能还会想，脚下长满青苔的石头，会不会被踩碎而滑落①。要知道,那段路程的顶端距地面可有 70 英尺之高。假如攀爬者得知以前从未有人上去过,即便是最沉着的攀爬者,可能也会丧失勇气吧。第一个成功爬上去的人,借助了绳子。他心里有底,知道这个攀爬目标是在自己能力范围之内,心态会好一点。

从现在开始,既然我们已经知道这个攀爬目标是可以抵达的,攀爬者应该无须前期踩点就能完成这个任务了。不过,我们还是要说,这个攀爬目标还是很难爬的,只有具备相当经验的老手才能完成。我们的建议是,攀爬爱好者可以选择在不同的夜晚,从地面爬上塔顶。生性滑稽而喜欢开玩笑的人,还可以在攀爬前先为自己写下墓志铭。总之,不管是谁想去攀爬这个塔顶,我们都祝你好运。世上无难事,只要肯攀登。

---

① 1932 年间发生了一件趣事,这件趣事除了涉事其间的那位保安,其他人都会觉得很好笑。事情是这样的:笔者的一位朋友从这座塔里面抵达塔顶后,心里突然想到个鬼点子。他沿着绳子往下爬了 20 英尺,然后在一处塔角的雕塑上挂了一件牧师白袍。由于他的这个恶作剧,导致校方在第二天面临着这样一个大问题——如何将这件白袍取下来。有一位长得胖乎乎的保安倒是很勇敢,他自告奋勇地站出来,愿意被绑在一根绳子上从教堂塔上放下去。于是,大家借来了一根 60 英尺长的登山绳。这个保安成功地将白袍从雕塑上取了下来,然后大叫,让其他人把他拉上去。但这时让大家大吃一惊的是,尽管他们可以拉住这个保安不让他掉下去,但等到需要拉他上来的时候,却怎么也拉不上来。因为绳子和石头间的摩擦力,以及这个保安的体重已远远超过了他们的拉力。所以,他们只得先把手头的绳子系在护墙上,以保胖保安不掉下去,然后下塔,再去找一根绳子。整整二十分钟,那位可怜的保安就这样被悬挂在那里,在空中荡来荡去,陪伴他的只有那些圣徒和国王的石雕像。那时候,他心中恐怕特别孤独。一根新的绳子终于带回来了,胖保安也终于被他们放到下面的屋顶上。不过,接下来他还发生了什么故事,我们就不得而知了。

第十章

彭布罗克学院

"像狗一样爬得远远的,我这里容不了你们。滚!"
——《温莎的风流娘儿们》第 1 幕第 3 场

"他因为跑得快,给他逃掉了,
可是莫伊塞斯和瓦莱里斯已经向前追去了。"
——《维洛那二绅士》第 5 幕第 3 场

攀爬者给彭布罗克学院拍的照片不多,这里尚未得到其应得的关注。人类的能力是有限的,身处许多具备价值的事物中间,人们很难充分一一注意到。在食用家畜展览会上,你会看到围观的农民对那些获奖的牲口看得津津有味,却很少用多余的目光扫一眼那些体型巨大的食用牛。漫步在花展花园里,游览了半小时后,你只会对在其他地方美得无与伦比的花朵漫不经心地看一眼。即便莎士比亚真的写了一百多部戏剧,你可能都从未读过他的《哈姆雷特》。所以,哪怕你是一位剑桥的夜攀者,也有可能错过彭布罗克学院,对其视而不见。

彭布罗克学院的大桥。

关于攀爬,我们记述了很多在地理上跨越很长距离的地方,但对于前来探访彭布罗克的人来说,这些文字依然很少。无数的攀爬者来到这里,众人拾柴火焰高,为的就是渴望成就攀登者的精神。然而,我们这里的文字,只记录了他们中很小的一部分人。我们就像果酱厂里的大黄蜂一样,在嗡嗡声中忙乱地飞来飞去,却无法将周边的一切全部记录下来。在珀西的日志里,远远没有将彭布罗克学院和伊曼纽尔学院的攀爬故事全部囊括进去。

我们先从大桥讲起吧。你可以把这里的情况，想象成彭布罗克学院北墙上有一条罗兰裂缝①。传说在古代英雄时代的某一天，罗兰②和他的同伴们正在用餐，仆人上了一道荤菜，罗兰用洪钟一般的声音喝道："怎么回事，又是肉杂碎！"他将手中的汤匙重重地摔下，于是就有了一条裂缝。当然了，这个故事的起源令人生疑。

大桥上有三道拱门，我们随便挑一个拱门，先爬上这个拱门的铁栅栏。这样，就能很轻松地将右脚踏在拱门的窄凸缘上，同时将左脚撑在旁边柱子的竖槽上（参见上页照片）。在与头齐平的地方，有一排防爬刺钉，像毛茸茸的眉毛一般垂下来，很牢固。用手抓住其中一根刺钉。

现在往拱门倒蹬一步，将身体抬高。接着上踏一步，抵达柱顶的凸缘。这时候，你的手中还握着上面的那根刺钉。小心地挺直身体，就能碰到最上面的栏杆了。要小心，否则你可能会体会到法国人口中"éventré"③的感受了。但是发生这种事情的概率很小。我们在这些防爬刺钉上还未曾发现过有哪位攀爬者的肠子悬挂在上面。

关于如何攀爬这座桥，我们就讲到这里。有志于攀爬事业的读者也许会对此感到惊讶，这才只是刚刚开始的爬入阶段，怎么能不讲了？我们对此并不感到愧疚，因为还要讲讲

---

① 位于比利牛斯山脉的一处自然山体裂缝。——译者注
② 中世纪史诗中的法国英雄，查理曼大帝的外甥，基督教护卫者。——译者注
③ 法语词，开膛破肚。——编者注

其他更容易爬进去的几条路线。如果哪位攀爬者能够爬上这座大桥，彭布罗克学院的其他建筑就都难不倒你了。

第二条路线比较符合攀爬老手的胃口，就是彭布罗克学院的北墙。整个北墙从大桥开始，一直到位于彭布罗克街的传达室结束。你可以选择从其中任何一个地方开始你的行动。方便起见，最简单的方案，也许是从学院大门右侧的墙面攀爬上去。

北墙一楼窗边有不少石块，厚度超过1英寸。这些石块正好可供攀爬者当梯子来用，使其爬上位于一楼和二楼窗户之间的窗户顶。只要伸手搭上二楼窗户的窗台，再用力，就能爬到两个窗户中间的窗户顶了。

二楼窗户上有两个横档，用手抓住下面那个横档，就能在窗台上站稳了。

这时候，你会遇到第一个困难。由于二楼窗户边沿没有一楼窗户边沿可以当梯子用的厚石头，向上伸手又够不着二楼的窗户顶，所以，想要爬上齐臀高的下面的横档，你只能用手借助上面的横档。这两根横档上落满了经年的灰尘，摸上去又软又滑，仿佛涂了一层油。

先抬起腿来，用膝盖抵住下面那个横档，然后用半引体向上、半俯卧撑的方式，爬到上面的横档，手指紧握住它，尽量靠近它的两边，避免抓在滑溜溜的落尘上。这时候，你恐怕已经毛骨悚然了。虽然这最后一爬相当困难，但你可以先伸出一只前臂，放在上面的横档上，再用一只手抓住窗顶，这样会好爬一点。此时位置比较高，地面又是坚硬的石

彭布罗克学院的北墙。

砌路面,想到可能从这里掉下去,心理上会有点难以适应,或者用我们的行话来讲,这才"带劲"呢。

爬下来以后,如果时间还没到十点,我们可以途经保安所住的传达室,再往学院里边走,在学院里四处转转。

传达室也被称为新庭院,这幢建筑上有不少值得攀爬的地方。墙面上有很多看上去有点恐怖的裂缝,但在攀爬者看来踩在这些有裂缝的石头上还是很安全的。有一个保安告诉我们,这幢建筑的地基不牢,虽然建筑时间并不长,但地基在慢慢下沉,墙体也随之开裂。他还告诉我们,这座学院是彭布罗克学院,伊曼纽尔学院则在街道的另一端。见我们询问有关学院的事情,保安就带我们在学院里游览了一圈。对此,我们很是感激。

彭布罗克学院的北墙。

彭布罗克学院的屋顶并不难爬。当时我们是从东北角爬上去的，除了最后几英尺以外，其他过程记得不是很清楚。那里有一个很宽的窗台，但在攀爬时，你上方是没有抓手的，等快到栏杆那里时，栏杆底倒是可以抓一下。因为这个攀爬路线位于墙角，比较容易爬。打头阵的攀爬者，用背抵着墙角，很顺利地爬上了屋顶。第二位攀爬者，面对着墙角往上爬。因为窗台上有个缝隙，从那里能看到地面。这个裂缝足有1/10英寸宽，就位于他膝盖旁边。这位攀爬者刚刚爬过老图书馆，一系列的动作在他脑海里清晰地浮现，因此很快就爬了上去。在这次攀爬中，他们没有拍照。

到了屋顶以后，背靠墙角蹲下来往上爬，就可以爬到屋脊了。在爬的时候，两手拇指用力按住屋顶的瓦片，使自己向上、向外运动。但这似乎会使你往下运动。然而根据反作用力原理，向下按压会使你往上而不是往下运动。

沿着屋脊爬下并往学院的西边而去，这段路程很有意思。因为你要越过一个接一个的山形墙，每隔10英尺的距离，你就要爬上10英尺并爬下10英尺，这是个艰巨的任务，很耗体力。在拐角后面的另一端，有一个约10英尺宽的缺口，上面有一根栏杆。如果你留心的话，可以利用栏杆通过缺口，继续向前探索。

我们这个团队的成员，都无心继续向前了。因为刚刚爬过了屋脊和那么多山形墙（这个运动量比在噩梦中的狩猎还要累人），大家都很疲劳，因此就近找了一扇窗户，想要爬进去休息一下。但是窗口太窄，想要穿过去还得有人从里面搭把手拉一下才行。

于是，大家对着下面一扇有灯光的窗口叫喊，但窗口里却传来彭布罗克学院人惯常的回答："别吵吵。"终于，从窗户里伸出一个脑袋，他朝外面看了看。几分钟以后，这个房间里就有了五位男士。其中两位是爬屋顶的，他们把身上多余的衣服先脱了，然后才从窗口挤进去。

在那里，攀爬者们受到了热情的款待。主人拿出雪利酒招待他们，而不是用一记老拳打在下巴上的彭布罗克学院传统的问候方式。主人适当地对他们的成功攀爬表示了祝贺，然后就问他们，是否知道爬进这所学院的便捷路线。攀爬大桥以及上述路线都不是很方便，因为需要攀爬者换上合适的衣服。而他们刚刚说的是不用换衣服、身穿晚礼服就能爬进学院的方法。这条路线是有的，也是唯一一条路线，但在上学期就被校方查封了。

几位主人突然变得有点不好意思，他们拿出了一个锡盒。盒子是用来放开窗费的，里面是所有从窗户爬进房间的攀爬者所缴纳的一笔钱款（虽然数量不多）。每一位从窗户爬进来的人，都要缴纳一点费用，尽点绵薄之力。当钱数达到五先令的时候，大家会庆祝一下。

几位主人都很热情好客，是典型的彭布罗克学院的英国好青年。他们当中有一个人正穿着睡衣，因为他的好哥们刚刚往他的裤子上倒了一杯啤酒。

虽然这个想法很好，但募集到的这笔钱将来会用在哪里我们可不好说。也许会雇一个工人挖一条地道，也许自己会去配一把钥匙。还可能会雇一个泥水匠刮掉某个石块上的灰泥，然后把石块搬走，再用硬纸板盖在上面掩盖洞口。五个先令，还可以用来买一根绳子，或一架绳梯。不过，干吗想那么多呢？因为五个先令还可以用来贿赂保安，让他留个侧门。

我们沿着一条错综复杂的小道前往下一个庭院，途中来到了大厅。位于左手边，即南端有一个宽度适中的外墙凹槽，从这里可以爬到屋顶。此处的外墙凹槽并不高，大约20～26英尺，爬起来不带劲。

在我们攀爬的第一个庭院里，至少有一条以上的路线可以爬上屋顶。而在这里，二十分钟就能爬上去。

如果没记错的话，在西南角方位有一个15英寸长的方形排水管。你可以背靠侧墙，用手指抓住排水管，把脚抵在从墙边凸出1英寸的垂直横档上，然后往上爬。当然，这个动作不容易做。尤其是因为这根排水管在往上约三分之二处就很靠近墙体了，用手不好抓。所幸这处屋顶不算太高，很快就能爬上去。

爬到这里，就可以悠闲地看着其他三位同伴，看着他们在庭院四周尽职尽责地"侦查情况"了。后来他们都爬到了距离地面几英尺高的地方，在整个过程中发生了不少好玩的事情。其中有一个极端缺乏想象力的人告诉我们，那时，他们就像一群被困在瓷碗里的跳蚤，想要从光滑的碗里蹦跶出去似的。他们跳呀，撞呀，又从墙面上滑下来。往上跳的时候，非常兴奋；撞墙了，就是暂停下来想办法的时候；而从墙上滑下来，真是像极了跳蚤的动作。

关于彭布罗克，如果我们手头有更多的资料，还能写得更多。那里的石头很不错，可供攀爬的目标也很多，是我们十分推荐的攀爬去处。那里的人既热情又真诚，都是一些喜欢爬排水管且考试不及格的强健寡言的英国人。

第十一章
三一学院

"从前有一位战士非常生气
抓住了他的祖母,把她扔到了
午夜的星空"

——《海华沙之歌》

我们口袋里揣着《三一学院攀爬指南》,心中怀着极大的期望,来到了三一学院——这所攀爬者心中的贵族学院。国王学院的攀爬难度可能更高,圣约翰学院的新塔和叹息桥十分吸引人,老图书馆攀爬起来更安全,但在攀爬者看来,三一学院仍是其首选之地。这里的一切,都符合夜攀者的攀爬口味。与其他学院相比,这里更加宽广,有许多难易程度不同的攀爬地点可供选择。攀爬屋顶的人可以在数英里长的屋顶上独自漫步,任自己的思绪飘散在这空旷的世界里。此时,屋内的人们正在酣睡,漫步者则在他们上方,离他们那么近,又那么远。关于攀爬目标,你既可以选择攀爬排水管、塔尖，还可以选择攀爬光滑的石墙面。要知道，这里的排水管很牢固，石块也很牢固。每隔十五分钟就来巡视一次庭院的保安，对攀爬者来讲也不是问题，与他们周旋的过程反倒是一种乐趣。假如有哪位攀爬者有哲人的气质，还可以找一个尚未有人发现的僻静场所，俯瞰这个世界，去好好思考一下人生，想象一下未来的事情。在这里，没有人会打扰他。

三一学院大门。

从圣约翰街或国王街出来就到了三一学院大门外，期待已久的激动心情终于得到了满足。那种感觉，就像是去奥地利看到了第一场雪，或是驱车去斯凯岛看到了遥远的科林斯高峰。我们站在地面，只见学院大门耸然而立，足有 60 英尺高，令人印象深刻。大门正面大约半高位置处有一尊亨利八世的雕像，手握一根金节杖。雕像因年代久远而有些斑驳。

有一位攀爬者写到，他曾抱着试一试的想法，想爬上这座国王雕像，可没能成功。尽管如此，他还是认为真要爬的话，完全有可能爬上去。然而，不像这座学院的其他建筑，坐落于大门正面的这尊国王雕像并不坚固。在这里攀爬既有难度，也不明智。

其实，这尊雕像可能以前就有人爬上去过好几次了。据传故事是这样的：有一次，因学院大门要翻修，翻修工在大门正面搭好了脚手架，这时他们才发现，原先看到的节杖实际上是一根镀金椅子腿。原来的那根节杖是哪位勇士爬上去后拿走了，或是哪个飞贼偷走后熔化牟利，又或是哪位攀爬前辈当作战利品保管起来了，我们都无从得知。但某人这一偷梁换柱的行为，想必他只要想起一定会偷偷得意，暗自窃笑。

我们自然不能从正面爬上大门，要从侧面着手。在大门的南北两边，有许多根我们够得着的排水管。从这两边的排水管往上，都能爬上大门的顶端。北边的排水管紧贴着墙面，显然爬起来困难一些，因此我们选择了南边的排水管。

我们注意到，这些排水管向上延伸时途经一个窗台，越过一堵很宽的墙，其中有两三条排水管还往大门左侧绕了过去。在这些排水管中，至少有一根距离墙体较远，便于攀爬。我们往上爬了几英尺，就来到了大门顶端的位置。只见大门顶上有不少瓦片，屋顶倾斜有坡度。

攀爬这个有坡度的屋顶看起来很困难，实际上很容易。我们绕到了右边，只见这边角楼的墙面从大门顶往上与排水槽构成了一个45度的夹角。绕过这个拐角后，即使没有扶手，仍会觉得更安全。排水管不长，躺下来就能摸到排水管的下端，在两个山形窗之间，你还能够得着屋顶的边缘。

现在我们往下爬，爬到远处的防卫墙。在此过程中，几乎不可避免地会碰响一些松动的瓦片。如果是在漆黑的夜晚，屋顶和人影的轮廓都很模糊，我们可以跨坐在屋脊上攀爬，直到我们抵达红砖砌成的墙体处。现在，可以看到位于我们左边的排水管了。

这是一根简易的排水管，与墙体之间形成一个钝角。墙砖的质地很粗糙，具有防滑效果。在这根排水管上，从上往下有一条金属线避雷针，感觉很安全，但实际上不应该借助它来攀爬。在排水管的后面，还有很大的空间。

正如下页照片中所示，这根排水管在接近墙顶的位置戛然而止。不过，在这根排水管顶端的雨水斗上方，正好有一个四方形的排水口，你得爬到顶向里面摸索大约1英尺深才能找得到。这个排水口很牢靠，用来搭把手再好不过了。你将左前臂伸进去，再往上爬三四英尺，直到爬上这座塔的防卫墙。大门顶上共有四座角楼，这四座角楼都可以通过排水管爬上去。排水管并不长，但整个过程还是很有难度的。

攀爬者正从三一学院大门的门顶爬至塔顶。

三一学院大门的整个攀爬过程与圣约翰学院正门的攀爬过程有相似之处，只不过前者的难度更大。而且，就所有学院大门的攀爬难度而言，圣约翰学院正门的攀爬难度最小。

现在，假如攀爬者打算从这个位置绕着中庭走一圈，可以从北边找一根与照片中类似的排水管爬下去。但他一定要找一个同伴一起做这件事，还要带上一根短绳，否则不能成功。要想爬到上面的小礼拜堂，人梯是必不可少的。搭人梯的时候，首先是一人站在另一人肩膀上，随后，位于下方的人要向上举起双臂，以防位于上方的人在往上爬时脚下打滑，等爬上去以后，下面的人再借助绳子爬上去。

假如不打算沿着中庭走一圈，那就最好还是从南边爬下去。这个过程同样很简单，当我们往下回到门顶位置的时候，对于这么容易就能爬下去还是会感到惊讶。对于此节，《三一学院攀爬指南》的作者颇为安慰地感叹道："岁月的流逝无情地侵蚀着所有的排水管，同样也会侵蚀到这根排水管，使其攀爬起来未必牢靠。正如上帝禁止使用火箭和弓弩，但你也许可以使用锁链球。在这种情况下，攀爬者要么被迫使用违规的手段爬上顶端，要么放弃沿着中庭走一圈的想法，感叹自己没能在过去的大好时光里来此攀爬。"岁月的流逝是一个缓慢的过程，而我们面前的这根排水管却还像新的一样。

我们很兴奋地花了半小时的时间给大门拍照。当时是晚上七点半，中庭里还有好几个行人。如果我们开闪光灯，肯定会惹人注意。不过，即便有保安看见也没事，装作普通行人就好了。在夜深人静之时，做这种事情就会特别惹人注意。但现在天色还不是太晚,只要你足够淡定,装作普通人,就能与那些保安谈笑风生,不被发现,也不被怀疑(飞贼们,注意了)。只有不被人怀疑,才有成功的机会。

大家先给第一个爬上去的人拍照。打过闪光灯后,拿反光罩的人和第二个要爬上去拍照的人快速跑过防卫墙,并穿过前面的山形窗,到达指定位置。负责拍照的人刚等到第一个被拍的人过来,这时来了一个保安,正在他们下面一楼的地面上。他们在攀爬日志中写道:

"我和N.C.从防卫墙往下一看,看到下面跑来一个保安,我们没时间耽搁了。以前被我开玩笑敲过窗户的一个人伸出脑袋发出'喵'的一声。保安听见了声音,抬头朝我们右侧10码的方向看了看,幸而没被发现。

"我们赶快跑进为我们发出响动打掩护的人的房间,只见他正在招待朋友,大约有五六个人。在那里,我们一起喝了雪利酒,并向他解释发生了什么事情,然后向他保证,一定送他一张我们拍下来的准备刊登在某杂志上的照片作为报答。他的房门被保安敲开两次,每开一次,我都感觉我们要完蛋了。事发之后,我们离开了他的房间。

"N.C.爬窗跳到地上,转身向左走去。他的动作救了我,因为正好有个保安见他跳窗后走进一个房间,便尾随其后跟了进去。而我则大大方方地走下楼梯,走出大楼,走向喷泉,一路上什么人都没碰见。假如当时我们两个一起直接走出大楼,保安肯定会把我们一起逮住,谁都跑不掉。

"不过,N.C.也被令人难以置信的好运眷顾。当时,他走进去的那间房正好有两扇门。他走进去后,感觉很安全,于是关上了其中的一扇门,另一扇门还开着。这扇门关得真及时。当 N.C. 听见保安在外面质问是否有人企图破窗而入时,他赶紧从另一扇门跑了出来,在喷泉那里见到了我,跟我说'他们在抓我'。突然听到有人抓他,我便赶紧告诉他,让他假装不认识我。然后,他往爱德华国王塔方向逃跑,我往三一学院大门方向逃跑,所幸都没遇到什么人,因为所有的保安都出动了,在到处找我们。

"实际上,当时已经没什么人在 N.C. 后面追了,他也毫发无损地逃了出来……"后面的暂且先不说了。

"我和 N.C. 爬进的那间房的房主,被保安仔细盘问了一番。保安坚持说看见有人从房主的房间里爬出来。而房主坚决不承认有人进了房间,即便进了也是在他隔壁的房子里。

"亚历克和奥哈拉二人比我们先跑走了,尽管那时真正的追捕还没开始,但他们面临着前方未知的危险,并沉着地带走了全部的设备,他们的勇气值得肯定。"

亚历克和奥哈拉可以说是经历了一次非凡的逃脱。他们当时考虑,假如带着设备箱和反光罩走进庭院,可能正好撞上保安。假如沿着防卫墙逃跑,也有可能会被发现,然后被追捕。假如翻过屋脊到达另一边的排水沟处,从那里跳下去,又太陡峭。而且,那边又没有好爬的窗户供他们爬下去。可以说,他们的人和携带的装备被困住了,困在一个通往中庭的楼梯间里。保安很快就会搜查到每一个楼梯间,搜查到每一间屋子。怎么办?

在这样的绝境中,没有提前研究地形,没有借道中庭,没有绳索助力,还携带着一个庞大的反光罩和一个笨重的设备箱,而他们却没有被人发现,成功地逃了出来。

像这种经验老到的人物,是不屑于借助绳索来攀爬的。

他们的攀爬日志记载了整个逃脱过程(但我们这里不能摘抄了),之后继续写道:"我们在蓝野猪酒店喝了点酒,互相拍了拍后背以示安慰,然后出发前往圣约翰学院的第三庭院。"

可是,真正好笑的事情来了。当他们在圣约翰学院足足折腾了大半夜,一会儿攀爬一会儿拍照,那些保安还在三一学院不屈不挠地追捕着他们。而保安是认为这些人已经走了,还是没走,我们不得而知。我们知道的是,直到当天凌晨四点,还有四个保安在三一学院里到处搜寻他们的踪迹。而在那时,最后一位安全撤回的负责拍照的攀爬者,是在六个小时前逃走的。我们十分好奇,那四个保安回家以后,是如何跟妻子解释自己晚归的。

但我们后来发现那些守门人没有放弃搜寻是有原因的。我们中有位成员当时正在蓝野猪酒店,他被人发现了,然后晚上就有一个便衣警察过来监视这个地方。凑巧的是,蓝野猪酒店就是我们的聚会地点。这个便衣警察在我们都走了之后,就通知了相关人员。我们不知道这个便衣警察除了三一学院,还有没有在其他学院供职,但至少三一学院有我们何时出去、何时返回的记录。周三,我们去给三一学院的大门拍了张照片。周五,我们遇到了一个很友善的警察,他告诉了我们有关蓝野猪酒店被监视的事情。为了证明自己，他说出了我们几个人三天晚上进出三一学院的具体时间。所幸自从三一学院大门事件发生以后，直觉告诉我们要远离三一学院。

大家一致决定必须甩掉这个便衣警察。于是，在蓝野猪酒店的伙计结了账，大张旗鼓地跟他的朋友告完别，然后开车去和他住在剑桥的朋友待在一起了。随后一切恢复正常，再也没有人告知各个学院我们来过这里的行踪了。有两三个警察发现我们变更了集会地点，但是迫于我们真诚的请求，他们决定保守秘密。

等这阵风声过了以后，我们又返回校园，继续我们的探索之旅。我们从三一学院的大门出发，沿着防卫墙往南走，经过一排山形窗。除非在深夜时分，会有一些山形窗里面亮着灯。当你从这里经过，灯光会把你的影子投射到整个庭院。不过，不用担心被发现。人在走路的时候会习惯性地低着头，不会注意到其他，我们都已经证实过这一点了。

经过山形窗后，我们拐了个弯，再往前走了大约80码，来到了伊丽莎白女王塔。这个塔，是必须翻过去的。你可以从屋脊处踏到塔上，但若想从山形窗的窗顶踏到塔上是不可能的。这时候，有必要用一点小技巧。选一片两三英尺长的结实瓦片，一只脚踩在上面，注意要踩牢。用力往前跳，这只踩在瓦片上的脚的力道会使你跳得更远。等跳到对面的窗台后，用不了多久，你就能爬上塔顶了。

在三一学院大门上有四座角楼，其中有一座很容易爬，还有一座很难爬。但有趣的是，对于攀爬这几座角楼的难易程度，我们几个人看法不一，有的还截然相反。

离开这里之前，还可以朝下方三一学院路上的行人扔东西，很有意思。这些扔下去的"炸弹"是如何飘落下去的，别人不会注意得到，但如果直接命中了行人的脑袋，就会被发现了。这种消遣并不高尚，但很有趣，我们做过很多次。

走到尽头，我们在角楼拐弯处耽误了一会儿。经过很长一段距离的攀爬，最终只能爬上一个包了铅皮的方形窗台，必须趴在上面硬爬上去。这种攀爬方式很耗体力，除非你向右靠一点，把脚搭在窗台上作为支撑点爬上去。这时，我们该和中庭说再见了。向左转，走过大厅的尽头，直到你向下能看到纳维尔庭院。对面是图书馆，那是一幢长方形的建筑，约50英尺高。我们之后再谈论图书馆。

这时候，我们要考虑的是如何爬上这个大厅。为此，我们摘抄了1901年版《三一学院攀爬指南》中的一段话：

"大厅两边都有往上逐渐升高的墙帽，为攀爬提供了便利。先用双手握住墙帽的方形边，把脚放到狭窄的铅制排水槽里，然后双手用力把自己往上拉，手臂越用力，就越能防止脚下打滑。由于墙帽很高，等你爬上顶端，心怀满足地抱到上面的石柱时，你肯定已是大口喘着粗气，并且感到肌肉酸痛了。不过，最好还是留点时间看看风景吧，几乎没人能抵挡得了它的魅力。站在那里往远处眺望，只见中庭院、新庭院、纳维尔庭院荧荧闪烁，在夜空的映衬下若隐若现[①]；在

---

① 要提醒大家的是，作者在写这本书时还没有电灯。

光亮和阴影交替变换中，偶然出现了一个不断移动的小黑点，仿佛来自另一个世界。这个小黑点正在往上移动，陡峭的墙壁从他身旁隐去，没入黑暗之中。他出发位置的那堵防卫墙，就像是一个无形的障碍物。如果他的手臂不小心打滑，就会把自己的生命了结在这受人敬仰、当之无愧的校园攀爬圣地上。"

在这里，我们得说上几句。

如果这位攀爬者将身体前倾，把全身重量放在脚上，就能减轻手臂负重，轻松地向上攀爬。而后只要弯腰抓住墙顶，稍微将身体往上拉，就能既安全又轻松地爬上屋脊。然而，如果他是在雨夜攀爬，那就必须借助绳索往上拉了，并且还要借鉴《三一学院攀爬指南》上的经验之谈。

一旦爬上屋脊就会发现，天窗就在你的左边，又细又高，外面是铅框，里面是玻璃，看着这个景象，会让你想起经典的老处女形象。从大厅屋脊中间往上算起，这个天窗足有 20～25 英尺高，很可能是三一学院所有建筑中最高的尖顶了，虽然爬上去也算不上很困难。我们没有攀爬这个天窗，因为考虑到万一它掉下去，那我们在三一学院的名声可就毁了。不过，我们已经跟好几个爬上过天窗的人说我们也成功了。大家的普遍看法是，个子高的人爬这个天窗会很轻松，个子越矮就越难。手脚笨拙的人有可能会打碎玻璃。当心不要打碎玻璃，毕竟很难维修。作为一个夜攀者，他应该以此为傲，即要做到"雁过无痕"。如果做不到，那就不是讨人厌，而是威胁到别人了。

从大厅顶上爬下之后，我们去到大厅尽头的栅栏角。在到达地面开始攀爬之前，先让我们好好看看有关第四庭院的攀爬日志吧。关于这里的攀爬，《三一学院攀爬指南》一书中有详细记载（很抱歉再次"剽窃"作者的文字，我们保证这是最后一次逐字引用别人的攀爬日志）：

"'攀爬第四庭院'——栅杆后面的丁香花丛为我们提供了很好的掩护，灯光透过结冰的玻璃照过来，我们开始攀爬了。动作很简单，右手回抵①，左手往上用力，随后利用开着的窗户，用类似的动作，就能爬到路灯上方。在这里，伸手就能碰到一个很宽的横档。借助边上的一个小横档，就能爬上宽横档。那里有一根排水管，你可以再用手回抵排水管，以助攀爬。爬上这个窗台，就可以稍微休息一下了。

"往上跨一步，踏上二楼的窗台。用手回抵，如用左手则抵住窗户的左侧边，如用右手则抵在排水管上，用力爬到窗户的石横条上，再从那里爬到上方的横档。上去之后，先扶着上面的圆形排水管休息一下，为最后同时也是最危险的一爬做准备。

"在那一瞬间，我们对最后一爬还有些疑惧。同伴们蜷缩在下方丁香花丛中，仰面朝上，打消了我们的疑惧。我们踏上了这根弯排水管的拐角。只要中等个子的人踏在拐角上，就能用手摸到头顶上方包了铅皮的横档。但是，我们还

---

① 对此，《指南》作者写信告诉我们："所谓回抵，指把后方当前方，把下方当上方。粗略地说，因为撑不上去，因此要拉着上去。"

是感到可望而不可即。我们把手指深深插入这根排水管与墙体之间的缝隙，向上攀爬，先爬上横档，再爬上更高处的弯排水管，接着很快翻过栏杆，来到'自行车道'。

三一学院，攀爬者正在攀爬第四庭院。此时他踩在第一个窗台上。

"在这最后一段路程，为了能够爬到上面的横档，你要用脚尖攀爬足足 8 英尺 3 英寸。由于身旁没有可助力的东西，大部分人都做不到不借助其他而只是用脚尖去攀爬，所以我们说，其攀爬难度系数很高。在这次攀爬任务中，打头阵的人不能携带绳索，要带的话也必须是长绳，这由横档的高度决定，而长绳本身的重量，会使攀爬者无法攀爬最顶端的那段路程。"

关于这里的攀爬，《三一学院攀爬指南》上就是这么写的。

我们觉得第一个横档还比较容易爬，即便窗户没打开。但爬上去之后，就到整个攀爬过程中最难的部分了。对此，《指南》一书只是一带而过，没有细说。首先，二楼的窗户没打开；其次，不知怎么回事，那根排水管对攀爬没有帮助。用手按压横档爬上去是必要的，但要极其精确地保持身体平衡。我们的确爬了上去，但并没有借助上方的扶手。

我们第一次爬上去之后，无法继续前进，认为要想继续，关键在于打开二楼的窗户。

第一次攀爬受挫后，在第二次攀爬过程中，我们找到了另外一条路线。我们发现在靠右边 2 码距离的墙拐角处，有一根方形排水管。这根排水管和墙体之间有缝隙，攀爬者可以把手插进去，沿着排水管爬到二楼横档，在那里稍做调整。

现在，准备攀爬最后一段路程。

我们认为《指南》一书中介绍的那种英勇的攀爬方法，其实大可不必。简单来说，关键就是如何爬到上方横档。我们分析了一下，决定这么爬：

三一学院，攀爬者正在攀爬第四庭院。标准路线是通过左边的排水管爬上去，但攀爬者脚边的窗户是关着的，因此该方案不可行。

首先，面向你右边的墙，然后抓住你面前与头齐平的横档，左腿弯曲，用脚抵住身后的排水管，蹬腿发力，同时手臂用力将身体拉上去。虽然这一系列动作既笨拙又难受，但对你的攀爬很有帮助。完成之后，你就可以松开左手，抓住上面的横档了。

这个攀爬地点非常理想。

它和三一学院大门一样，有不少可供拍照的地方。拍照的人会想，这还在假期里，凌晨两点半拍个照，肯定没人发现吧。可惜，他们想错了。

就在他们第二次按下闪光灯之后，从纳维尔庭院通往中庭的走廊大门被人打开，发出了巨大的响声。听见声响，有两个攀爬者立刻蹲下来，躲在墙脚栏杆处。还有一个人跳过栏杆，冲向最近的楼梯间。虽然他只负责拍照，不负责攀爬，但也穿着胶鞋，因此在走廊里走动时没有什么响动。保安倒也没看见他，只是狐疑地晃着钥匙，在庭院里四处查看。但接着他又朝其中一位攀爬者藏身的楼梯间走去，这让所有人都倒吸了一口凉气。

大难临头之时只能各自飞。因为在这种情况下，保安能认出或者记住你的脸，所以一旦被看见，那和被抓个正着几乎一样糟糕。但如果大家朝各个方向分头逃散，追捕就难多了。若只追其中一个人，也不是那么容易。

换言之，躲在墙脚栏杆处的这两个人，只能让藏身楼梯间的那位自求多福了。他们跃过栏杆，小心翼翼地溜出校园，在车边等待。

他们得等好一会儿。因为藏身楼梯间的是牛津大学的本科生,对剑桥大学的地形及保安的脾气所知甚少,要逃出来得费点时间。后来这位本科生说,当他听到那个"校方走狗"上楼的脚步声时,紧张得头发都竖起来了。他赶忙往楼上跑,可到楼顶的阁楼后便已无退路,幸好保安没再跟上来。为什么这个忠实的保安没跟上去,我们不得而知,只知藏身阁楼的这个家伙窝了好长时间才敢出来。他终于逃回停车的地方,神情疲惫却得意扬扬。这家伙平时开车很稳当,但在那天,他把车开得哐啷哐啷响,好像要飞一样,还不时爆发出阵阵嘹亮的歌声。车里另外两人都觉得,这家伙随时都可能会停下车,爬上引擎盖作猩猩捶胸状。第二天,他才恢复了正常。

剑桥有一位在职老师,也曾是一位颇有名气的屋顶攀爬者。他向我们讲过一件他的趣事,就发生在第四庭院。据他说所,当时他一个人在三一学院的楼顶漫步,突然心血来潮,想爬下来。他以前从没想过要爬楼,所以在攀爬的时候,该抓哪里,该扶什么地方,这些细节他统统不知道。身材矮小的他成功地爬到了二楼窗户,但同样对于身材矮小的他来说,从二楼窗户下来可就难了。

他用手抓住窗户下方 2 英尺处的一个小横档,脚踩在窗户的横木上,这时他发现自己进退两难。因为这扇窗户没有开,他找不到哪里有扶手能让他抓着爬下去。当时他也没注意到右边有根方形排水管,其实那根水管的末端就在窗台的下方。爬完这一小段路程,他的胳膊已酸得厉害,支撑不了多久了。果然，他一下子没抓住，往后一倒摔了下来，这里的高度足有 20 ～ 25 英尺，他的背部受伤了。

那时，他还是三一学院的在读本科生。靠手和膝盖，他爬过了整个庭院，再爬上楼，可回到寝室门口时，却发现门已经锁了。于是，他又爬到传达室，溜到保安背后，偷出寝室钥匙，再神不知鬼不觉地溜了出来。这一系列动作，对于正常人来说已属难得，对于一个刚刚受伤走路一瘸一拐的人来说，更是一个奇迹。他仍爬回寝室，度过了那一夜剩下的几个小时。第二天，他才到医务室做了治疗，并打电话向学院老师请了一周的假。关于他的故事，我们就先讲到这里。

现在，来讲讲图书馆。

三一学院图书馆有一处外墙凹槽，堪称攀爬者心中的经典圣地，但大家还是高估其攀爬难度了。它位于图书馆东北角，从地面算起，高度 20 英尺有余。你可以借助炉洞处的两架铁梯爬上去，此外，还有三四条攀爬路线，其中一条从地面开始攀爬，《指南》一书中将其称为"双子星"路线，攀爬难度很大。

下层屋顶上也有一个砖砌外墙凹槽，形状细长，貌似针尖，高度 30 英尺有余，耸立而上，直至图书馆屋顶。我们就是利用这个外墙凹槽与图书馆主墙之间的间隙进行攀爬的。在攀爬时，身体左侧就是后院，不小心的话有可能直接掉进后院。

外墙凹槽的右半边比左半边要窄 6 英尺，攀爬时只能背靠一边，用膝盖抵在对面。左半边虽然也很局促，但毕竟稍宽一点，爬起来更容易，也更快。

我们的建议是，攀爬时背靠图书馆主墙，这样就可以手掌心向下按住拐角处，在空间狭小的外墙凹槽里攀爬，这种技巧帮助很大。另外，攀爬者也可以背靠外墙凹槽，双手抵在臀后。具体用哪一种方法，全看个人喜好。

等爬到 16 英尺高的地方，外墙凹槽变宽了，爬起来也轻松一些。这时最好转过身去，背靠外墙凹槽，继续向上攀爬。屋顶朝外墙凹槽处，有一道宽约 2 英尺的横档，这里有一条窄缝，等你爬到这个位置，就可以毫不费力地爬上去了。

三一学院图书馆外墙凹槽。
攀爬者已在楼顶，双臂举起。

三一学院图书馆外景。
A：回廊露台。
B：三一学院图书馆外墙凹槽。
C：外边的大门柱。门柱也是一处攀爬地点，这是门柱脚。

《指南》一书中说，这处外墙凹槽高为 31 英尺，但看样子远没那么高。因为在某个白天，两个负责拍照的人在屋顶上被人发现了。据他们所说，他们赶忙在 20 秒之内就溜了下来。可以确定的是，第一个下去的人速度很快，因为只有他先下去，他的同伴才可以用绳索把相机从上面放下去让他接住。他们不是爬下去的，而是用脚牢牢抵着墙面滑下去的，下滑速度控制得恰到好处。这两人中，有一个是三一学院的，因此他下来的速度快，倒也不难理解。下来之后，他在附近的房间里迅速换了身衣服，走出学院时，正看见一个戴着圆顶高帽的保安，沿着纳维尔庭院北边屋顶的"自行车道"庄严地巡视。

据说他们在屋顶时，从上往下拍了一位攀爬者在外墙凹槽向上攀爬的照片，背景是攀爬者身后下方开阔的院长花园。但奇怪的是，这些照片没洗出来。我们也试过在白天拍照，尝试了两三次，但照片往往曝光不足。唯一成功的几次，是开了闪光灯拍的。

外墙凹槽旁边，有一些装饰性的建筑，也可以攀爬。但我们不再赘述，因为我们没爬过。据说，这些装饰性建筑实际的攀爬难度比看上去小得多。据我们所知，有两个水平一般的攀爬者爬了好几次，他们觉得很简单。不过，也有水平还不错的一位攀爬者却说很难。所以，这种事情是小马过河，感兴趣的人要自己试了才知道。

如果非要说难爬，其中最难爬的，显然是从中间的浮雕爬到上方伸出的横档上。但这也是传闻，有关此节的内容，《指南》一书里都有记载。

从外墙凹槽爬下来之后，我们沿着很宽的回廊露台向南走，在图书馆的南端，试着爬了一下湿鲍勃横梁[①]。横梁连接的是回廊露台与对面的河道露台。

河道露台由两个横档组成，一上一下，下面的横档宽约2英寸。如果站在这上面，胸部正好与上面的横档齐平，其宽约5英寸，略微有点向下倾斜。因为这个横档下端有切口，

[①] 鲍勃（Bob）是男孩名，湿鲍勃（Wet Bobs）是对泰晤士河上从事赛艇运动时不慎落水男孩的戏称。这里用该词为横梁命名，表示该横梁对攀爬者平衡性有一定的要求，稍有不慎就会掉下去。——译者注

所以常规的横爬方案，是用双手沿着其下端切口缓缓移动。这个动作的确很吃力，但很简单。

虽说简单，但对于经历过石头松动滑落的人来说，就不简单了。这段横爬路程有好几码长，而攀爬者所凭借的切口只有一两英寸厚，却要承受相当的拉力。万一这块只有梨子般大小的石头松动了，攀爬者就会失手掉下去。在我们看来，想要提高横爬动作的安全性，攀爬者最好把前臂平压在横档顶上，用另外一只手抓住横档下方切口。比起常规的横爬方案，这个姿势可能不太优雅。但使用这个动作就不用担心沿途手扶的石头是否牢靠了。对于第一个尝试常规横爬方案的人，我们只能表示佩服。

沿着河道露台往前走，所有的人一上来，鼻子就被结结实实地撞了一下。我们一边忍着痛，一边又庆幸没被撞倒在地。仔细一看才发现，罪魁祸首是一个直立的小铁环，铁环似乎咧着嘴，嘲笑着我们这些疼得眼泪汪汪的人。《指南》一书中，告诫了我们这里有小铁环，或许作者像我们一样，也在这里撞到过鼻子。我们更加小心地继续往前走，直到横档变宽，这也意味着我们到中间大门的上方了。现在我们要到地面上爬大门门柱。

《指南》一书的作者说，攀爬大门门柱是他"在三一学院里完成得最好的一次攀爬"。换言之，这里十分难爬。事实的确如此。

我们从左手边柱子的左边窗栏开始攀爬。在这个窗户的上方，有一个六七英寸宽的横档，这是我们要爬的第一个目标。当某人首次攀爬这里时,或许会觉得太难,被吓得退回地面,敬畏地反复念叨"甘加丁①"。但稍加练习,他就发现这个横档还是很好爬的。

或许最简单的办法就是面朝墙壁,让胸口与横档齐平,然后把左脚平搭到上面,随后一个翻身爬上去,这时你应该是脸朝下贴在横档上。

现在要靠精准的平衡感使自己爬起来,站在横档上。千万不要把这个动作不当回事。如果你非得念叨点什么,那就轻声念"甘加丁"吧。千万不要理会上方与下方的同伴,如果他们试图逗你笑,那你可能就会掉下去,重新爬了。

现在,讲一讲柱顶。我们两次攀爬这个柱顶都宣告失败,当时我们觉得它比横档难爬,但现在我们觉得比较好爬。《指南》一书对三一学院的各个攀爬地点讲解了很多,但对此处却只用了几个字——"翻过去"。所以说,攀爬这种事,如小马过河,每个人的感受都不同。

如果你也认同我们的看法,觉得此处不好爬,那就用我们的方法——抓住左边柱子的两个拐角。用力往上拉起自己的身体,同时脚踩墙壁往上蹬。然后,双手变成向下按着柱子以撑起身体,转过身坐在原先你搭左手的位置。如果动作能快点,整个过程会更加顺利。

---

① 甘加丁(Gunga Din),英国作家吉卜林笔下的一位人物。甘加丁被认为是一个民族叛徒,因此"甘加丁之路"意指通往地狱之路。——译者注

三一学院图书馆，有人正在攀爬大门门柱。照片中的攀爬者所做的精湛的平衡动作，在后面的攀爬中还要用到两次。

攀爬大门门柱。这位攀爬者方法不对，他应该面朝墙面，把左腿摆上去。

攀爬大门门柱。这位攀爬者方法也不对。他的右手应该再往右靠2英尺，放到拐角上。然后引体向上，转身坐到柱子上。

现在，河道露台就在你头顶上方了。这里拐角处，有一个约 8 英寸的铁环伸出来，横档下方还有切口，因此很容易翻过去。

现在，我们可以歇一口气了。

我们已经在学院外围，可以从后门离开学院了。虽然这个后门是锁着的，但很容易翻过去，而后就能沿着皇后大道离开了。不过，要想到达后门，必须先翻过大桥，过了河才能与三一学院说再见。这个过程看起来极其困难，其实特别简单。

三一学院大桥。

在大桥两侧的拱底处，各有一个微微高于水面的小平台。无论是从平台往上爬到桥面，还是从桥面往下爬到平台，都一样简单。在这张照片中，这位攀爬者左手正抓着桥墩护壁上一块凸出的边缘，虽然由于灯光效果的缘故看得不是很清楚。

说一则有关这座桥的攀爬轶事。当时，有一个三一学院的学生已经爬到桥下，也拍好了照片。就在这时，原本漆黑一片的图书馆突然出现手电筒光，拿着手电筒的人正朝大桥这边快速小跑过来。他们发出警告，说发现有人违规攀爬，并留下一个保安继续搜寻，其他人往圣约翰学院方向去了。这个保安在桥上逗留片刻，他用手电筒照了照周边环境，并没有看大桥桥边的情况。终于，保安原路返回，而趴在桥边的这名攀爬者，也回到了他的同伴那里。直到后来，这群人才突然明白，并不是他们勇敢地逃过了保安的搜索，而是这个保安勇敢地放过了他们。记录这则轶事的手稿字迹模糊难辨，但里面却记载着这些拍照的攀爬者，他们在多个场合盛赞学院保安放过了他们这件事。

顺便说一下，我们团队里有三个三一学院的学生，其中有两人，如果不巧被保安发现了，他们的想法是朝保安下巴来一拳，以逃过被抓的可怕结果。所幸团队中有人更成熟、更理智，他阻止了这两人的想法，并用更稳健的方法化解了危机。在我们的攀爬规则中，不许有暴力行为。攀爬者要像被猎手紧紧逼迫的狐狸一般，心中总要多想一个计谋，有备无患。

当天晚上回去睡觉前，我们坐在后门上，想着有没有漏掉什么地方没去。

我们漏掉了中庭环道，那里有不少好玩的地方。爱德华国王塔我们也没去，只是站在地面朝上随便看了一眼。（那里有一根"8英尺长的裸露排水管"，其右侧5码的位置，还有一根简易的排水管，可以让我们轻松从地面爬上爱德华国王塔。）我有一个朋友是作家，他在大厅屋顶上被保安抓住，三年内被禁止进入剑桥大学，他告诉了我们一个有关爱德华国王塔的精彩故事。据他说所，曾有一位攀爬者在爬这个塔时陷入困境，就在被困之时，他发现了一根摇晃的绳子正好可以满足其需求。他紧紧抓住这根绳子，可没想到这是一根敲钟绳，结果导致他头上的塔楼大钟当当作响，吓得他险些摔死。不过，当晚从他下方路过的保安似乎并未注意到有什么异常，一切安好。正当那时，这位攀爬者的同伴在大厅屋顶被保安看到，于是他们赶紧和着一首名歌的曲调，反复唱着"保安在屋顶呀，保安在屋顶呀"。有点扯远了。

我们没去的地方，还有中庭的喷泉，新庭的洼地，以及《指南》一书中所谓的纳维尔庭院的"双子星"。《指南》中还提及许多其他的攀爬点，这些地方我们甚至都没见过。我们只是选了一些看上去主要的攀爬点，而没选那些在现有条件下无法拍照的攀爬点。但就这些也已足够让其他学院的人来三一学院攀爬好几次了。

三一学院是一个容易攀爬的学院，这对那些非三一学院的攀爬者来说是幸运的。我们团队会严格地从实用角度出发，来看待如何攀爬三一学院。如果不把攀爬大门门柱和大门门边算在内的话，我们采用了六种不同的方式进入学院。有一位三一学院的老师年轻时也是一名攀爬者，曾连续在十七个夜晚用十七种不同的方式爬进了三一学院。后来有人问他，如何防范非法爬入学院。他回答道："在学院周围镀上铬，镀个15英尺高，或许就能防止有人攀爬了，但如果他们用梯子，这个办法就不管用了。"他的建议并未被采用。

攀爬活动结束后，我们几个人互道晚安，各自回到学校宿舍或寄宿家庭，大家心里都嘀咕着，明天早上九点的讲座还是不去了。

第十二章

国王学院与克莱尔学院

"他们不需要灯光,也不需要阳光。"

——《启示录》第22章第5节

每一位摄影爱好者都知道,有些照片远距离欣赏效果更好,有些照片近距离观察更佳。需要远距离欣赏的照片,主要特征突出,细节不是很明显。需要近距离观察的照片,囊括了几乎所有的细节,毫厘毕现,但细节之间没有确定的关联,好似有肉无骨。以三一学院为例。三一学院有不少难爬的地方,但要发现这些地方其实是可爬的,则需攀爬者花费很多年去寻找,而且即便你找到了,也不是一个自然而然的过程。这些地方更像是精心雕琢的细微之地,你要用心才能找到。三一学院的大门和图书馆外墙凹槽,可能属于主要攀爬点,但难度只能算中等。大门门柱是一个令人又爱又恨的难爬之处,但大多数人都不会注意到此处可爬,除非事先有人告诉过你。第四庭院正在和大门门柱、中庭喷泉争夺"谁最难爬"的名号，但它并没有什么独特的地方可以与许多其他难度并不低的攀爬点区分开来。因此，从远处观察三一学院中有哪些攀爬点，会让人心生疑惑。

国王学院与克莱尔学院的情况恰好相反。这里没有很小的攀爬点，除了国王学院韦伯庭院周围有些屋顶偶有人攀爬，再无其他令人感兴趣的屋顶了。这里没有很小很精妙的攀爬点，只有五六个难度很高的地方脱颖而出，看起来很有挑战性。这些地方分别是国王学院的礼拜堂、传达室、切特温德屋外墙凹槽，以及克莱尔学院的墙角和阶梯。在爬这些地方之前，我们环顾一下四周，看看能否找到其他攀爬点。

我们在国王学院第一庭院四处转了转，发现国王学院大厅朝向国王街这一面的墙上有一个拱壁，与主墙之间构成了一个外墙凹槽，看上去很容易爬。有好几位攀爬者曾告诉我们这里有个外墙凹槽可以攀爬，他们热情的神情、语气，正如先驱者一般。然而，这处外墙凹槽实在是太窄了。有强健大拇指的人或许会在此有所收获，普通人未必爬得上去。

让我们继续朝河边走，一直走到右手边吉布斯大厦。这座大厦是一幢独立的矩形建筑，足有 50 英尺高，看上去攀爬的可能性为零。然而，仔细观察之后，你会发现爬上屋顶也不是没有可能。据我们所知，从未有人爬上过这幢大厦的屋顶，我们自己也没有尝试过，因此就不谈它了。在寻找屋顶攀爬方法的过程中，攀爬者会为此感到快乐，但攀爬方法也的确很难找到。

吉布斯大厦中央拱门。我们的想法是绕个圈爬到拱门顶端。

要爬到这幢大厦中央拱门柱顶，半分钟就够了。只要背靠一根柱子，脚抵对面凹槽，然后一步步走上去。据说到了柱顶以后，可以从柱子侧面穿过去，这样就可以从拱门爬到拱门旁的横档上，再从横档爬到上方带坡度的大平台上了。

国王学院里有一位来自加拿大的学生，他一度非常痴迷研究吉布斯大厦，想弄几只山羊到这座大厦的楼顶。把山羊弄到楼顶上，没必要采用攀爬的方式。但是，这需要有人带着这些山羊，趁老师睡觉的时候，穿其房间而过，然后爬过一个天窗，才能抵达楼顶。这个加拿大学生一直在大脑中想象着这么一幅可笑的场景，当这些山羊被带到屋顶以后，那些保安该如何把这几只长了胡子的家伙弄下去。正如我们先前所说，他的想法不仅仅是一种幻想，甚至可以说是陷入了痴迷。

这位加拿大学生和他的一位英国朋友开着车，在乡下四处转悠，向拴在路边的那些山羊投去渴望的眼神。他还曾向人询问过，用麻醉枪来抓山羊会不会太残忍。他还制订了一个计划，打算用平底船将山羊偷运进学院。他甚至还想出各种各样的方法，想给住在吉布斯大厦楼顶那间房里的老师下点药，或把他引出去，好让自己进入房间，把山羊带上楼顶。

然而，他的想法没有得到进一步实施。他是个想得多却做得少的人。就像一支嘶嘶作响、一触即发的火箭突然取消了发射计划，把山羊带上楼顶的想法后来也就戛然而止了。他还有很多其他计划，比如水淹排水沟、在前庭各个大楼防卫墙上放烟花、在期末晚会上把小猪放到草坪上、放五百只活蹦乱跳的兔子或一千只老鼠（到时候会打个烟幕弹）到学院里。这些计划没有一个得以实施，但毕竟他还是拥有了一段美好的空想时光。他脸上满载笑容、心里却藏满了鬼主意，不过他已经回到了加拿大。回去之后，他也许会因无事可做而把蟾蜍放进他祖父的靴子里吧。大家都很喜欢他[①]。

沿着河流漫游而下，我们发现除了鲍德利大厦上有几根裸露的排水管外，再没有其他攀爬点了。那些排水管偶尔可以攀爬一下。有一次，我们的一位朋友在爬这里的一根排水管时，在上面足足被困了二十五分钟，因为当时有位老师和副院长坐在他下面的草坪上聊天，他没法下去。这些排水管没什么特别的，与其他排水管没有什么不同之处。因此，我们还是回到韦伯庭院，去爬这里的屋顶。

在这里，我们可以好好地玩一个小时。厨房屋顶上有一个圆顶，圆顶上还有个球状物。直接做一个引体向上的动作，就可以爬上去了。这处屋顶设计得像迷宫，只要你愿意，可以在上面好好探索一下。南边有不少外墙凹槽，可以

[①] 有人说，国王学院"番红花事件"就是他干的。虽然确有此事，但我们不好说一定是他干的。当时，为了装扮草坪，国王学院院方从外面订了一些番红花球茎。有些学生提出建议让他们来种，院方同意了。学生们种完花后，这件事便过去了。随后几个月，一切安然无恙。但等到早春，番红花的嫩叶从地面上冒出来，排成了几个大大的字母，向全学院的人展示着类似"骚扰院长"的话。当番红花还是小骨朵时，叶片是绿色的，大家看不清这几个字母，但等到番红花长成一片金黄时，大家才敢断定确实是那几个字母。不过，这则轶事可能与我们要讲的攀爬没什么关系。

试着爬一爬。这处屋顶我们仅仅攀爬过一次，那还是在两年前，我们从国王巷进入国王学院的时候爬的。

国王学院的厨房本身也接近于圆形。如果厨房窗户（和我们当时爬的时候一样）是开着的，你就可以溜进厨房和贮酒室，看看厨师用来准备食物的地方。

当时，我们从一楼贮酒室的窗户溜走，然后从那里去了皇后大道，从河道上前往克莱尔学院。那里有五个攀爬点，我们去攀爬最容易的那个地方。

学院的后门很好爬，但门上有不少看似尖锐的 4 英尺高的钉子，如果你爬的时候慌里慌张，还是有可能扎伤脚的。在大桥的前面，也有不少带刺钉的铁栏杆要跨过去。跨过栏杆之后，轻轻走过一条碎石小路，就来到了一幢建筑的大门。我们觉得，院长办公室就在这旁边。

这个地方，就是我们将要攀爬的克莱尔学院之梯。

我们采用的攀爬方案，是先尽可能高地爬到铁门栏杆上。接着，你会看到左手边有一个能放得下脚的横档，在它上方 2.5 英尺处，还有一个小的横档正好可以用来扶手，这样你就不用站在铁门栏杆上了。

现在沿着这半圆形柱子横移过去，这个动作有点笨拙，却正好可以让你抵达阶梯。这里的石头上有不少窄槽，即便穿着胶鞋站在上面，也感觉不是很安全。

你可以靠在大门上方的宽横档上休息一下，接下来就是最难爬的部分了。

克莱尔学院之梯。
实际攀爬时,比眼睛看到的情形要难一点,因为这根方形排水管紧贴墙体,对我们的攀爬没什么帮助。

左边倒是有一根方形排水管，虽然帮助并不是很大，因为这根排水管后面只有一个地方可以插入手指，但也聊胜于无。不管怎样，想要爬上去，只能相信这些带窄槽的阶梯是安全的了。

再往上爬，很快就能抓住横档，接下来就比较容易了。这幢大楼在阶梯左边凹下去了几英寸，横档也从旁边凸了出来，这样正好便于攀爬者用手抓住（参见上页照片，攀爬者右脚正下方位置）。虽然感觉不是很安全，但要暂时承受攀爬者身体重量还是可以的。这一小截很难爬。

最后15英尺比较容易爬。距离攀爬者头顶的不远处，就是这根排水管顶端的雨水斗。一旦他抓住了这个雨水斗，很快就能爬上左边的扶墙了。

往下爬的时候，几乎和爬上去一样困难。

我们第一次知道这处攀爬点，是通过1924年《剑桥评论》上标题名为"剑桥的攀登运动"的系列文章，作者不详。这个系列文章中提到的几处攀爬点我们已经涉猎过几个，但克莱尔学院之梯这个地方，要不是文章有提到，我们还真不知道。

我们在克莱尔学院一共攀爬过五个地方，其中第二个攀爬点位于学院东南角，紧挨着国王学院。要想爬上去，得从礼拜堂底部20码处开始。

这处攀爬点很有迷惑性。它位于大楼的外拐角，共有三段攀爬路程，每一段都有7英尺高。初看沿途除了两条垂直横档，再无可供落脚和手扶的地方，感觉根本无法攀爬。但

克莱尔学院的东南角。
注意照片中这位攀爬者的上方,是攀爬前辈们留下的划痕。

实际上，情况并没有那么糟糕。在这里，一点决心和适当的腹肌比任何攀爬技巧都重要。

此处的攀爬要诀，就在于这两条垂直的横档。二者距各自的边缘均为 2 英尺，而正好在这个位置，大楼墙体从墙角的位置也凹下去好几英寸。这种结构，正好能够防止攀爬者从墙上掉下去。

水平方向的横档，由三条构成一组。下方两组的横档与横档之间隔了 1 英尺，上方两组的横档与横档之间隔了近 2 英尺。每组横档中间的那条都很宽，攀爬者可以踩在上面横向爬过整个建筑外墙。

攀爬者先从一条离地 3 英尺的横档爬至最下方三条一组中最底层的横档上，然后用力把自己上拉至中间的那条横档，同时，尽快把脚放在最底层的横档上，以作支撑。在做这个动作的时候，那两条垂直的横档也会有用，你要用手抓在它们高于上面那条水平横档的位置。接着，你要在最底层的那条水平横档上站稳，抬腿爬上最上面那条水平横档，同时扶在垂直横档上的手也顺势上移。

第一段攀爬路程就此结束，现在你要攀爬第二段 7 英尺的路程了。这一段和第一段的攀爬过程完全一样，只是高了大约 12 英尺。第三段和第二段也完全一样，但到这时，你可能感觉很累了。第三段攀爬结束后，也就到达屋顶了。下来时要容易一点，尽管每次只往下爬一臂之长的距离，感觉也不是很舒服。

这个攀爬点很有趣，因为在这里攀爬，手臂的作用比腿的作用大。在平时的攀爬过程中，攀爬者很少做连续的引体向上动作。但在这里，他必须把这个动作做好多次，因为在这三个 7 英尺的攀爬距离中，没有可以借助脚的下蹬动作的机会。"剑桥的攀登运动"系列文章中也介绍了这个攀爬点，但我们是从其他渠道第一次得知此地的。国王学院有一个学生，把这里看作是自己最喜欢的攀爬圣地。他以前经常来，一周一两次，爬上第一或第二条横档，而后横爬这幢建筑的外墙。

我们在克莱尔学院东南角靠左边 5 码的地方又发现了一条攀爬路线，是从距离右手边最近的那扇窗户爬上去。除了垂直横档有所不同，这条路线与上述路线在攀爬的过程中几乎完全一样。在这条路线中，两条垂直横档的间距只有 18 英寸，在同一堵墙体上彼此平行，而不像第一条路线中那两条垂直横档，分别在两堵呈直角相交的墙体上。这就使得从这条路线向上攀爬有点困难。你的双手要平放在横档上，依靠手掌与其表面的摩擦力获得支撑。用我们的行话讲，这叫作"向主感恩"的姿势。

现在，我们已经经由两条路线爬上了克莱尔学院的楼顶。如果有人还不满足，还有第三条路线，从那里既可抵达克莱尔学院的屋顶，也可抵达三一学院的屋顶。这第三条路线，就在三一大厅学堂的传达室与国王学院北门中间的小窄道上。

这里有两堵高墙，间距不宽，形成了非常适合攀爬的外墙凹槽。墙体近处，有一些很长且零散分布的墙钉，但这并

克莱尔学院的东南角。

国王学院的传达室。一位攀爬者从地面爬往屋顶。

未给我们造成障碍。两边的墙壁都很光滑,有些攀爬者更愿意赤脚爬上去。我们还没有开始攀爬这处外墙凹槽,就知道已经有人爬过它了。

从这处外墙凹槽下来后,我们也离开了克莱尔学院,起身去国王学院,去做其他的大事。我们将把国王学院礼拜堂放到另外一个章节单独讲。现在,要去攀爬传达室了。

这座看起来容易攀爬的建筑,已被许多攀爬者爬过,但多以失败告终。尽管其表面有一些可供手扶的地方,但这座

国王学院的传达室。

建筑还是比礼拜堂更难爬一些。据我们所知,不带安全绳的徒手攀爬,成功的案例仅有一个。

要从地面爬上屋顶,很容易。在传达室靠街这一侧的一个角落里,也就在大门的右边,有一根排水管。利用这根排水管攀爬,唯一的危险就是离保安住所的窗户太近,而保安在睡觉时又很警觉。我们有两次从屋顶顺着管道下来时,还吵醒了他们。

在传达室的屋顶上,你可以看到在一处向内有坡度的屋顶上耸立着一座塔。塔上有一些苜蓿叶形状的透气孔,借助

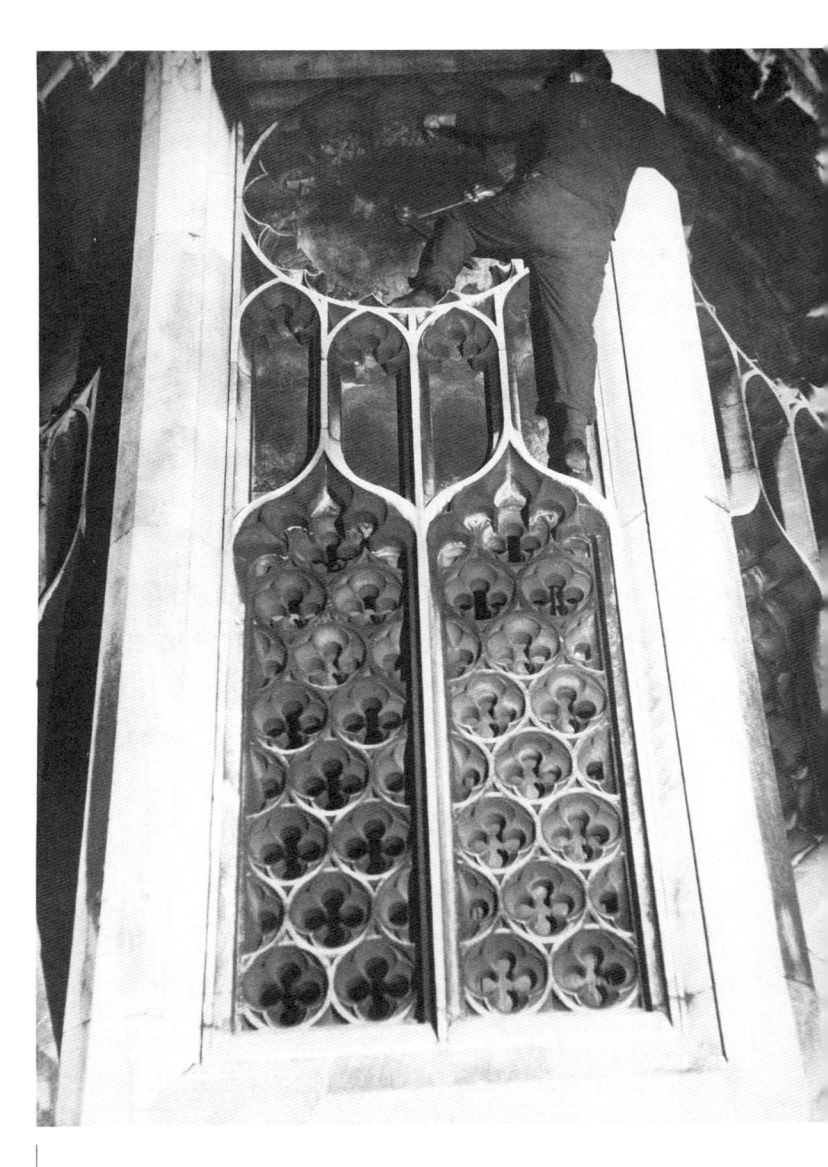

攀爬者正在攀爬传达室的大钟盘面。

这些透气孔,攀爬者很快就能爬上去,直到脑袋与大钟盘面齐平。大钟盘面以石块表示小时刻度,用作扶手不是那么舒适,但也只能勉强用一下了。

到了这个位置,你就能体会到攀爬的困难之处了。因为将时钟刻度作为扶手不是很吃劲,你不能将身体向外倾斜,而是要像藤壶紧紧附着在岩石上那样,紧紧地贴住塔体。或者说,这个石块时钟刻度是楔在上面的,为了保持身体平衡,你抓在上面的手只能朝下按压,而不能朝外拉拽。而且,还需要抓得非常紧,否则附着力不够。

正因如此,你很快就会感到疲惫。除非你能快速爬到上方横档处,不然就必须爬下来后,才能休息。

用一只胳膊环住柱子,试着采用攀爬国王学院礼拜堂第一个横檐的方法进行攀爬。不过,这里没有手指可以抓住的凹槽,而须抓住远端的石块时钟刻度。从时钟下方搭脚处爬至时钟盘面上还是有困难,也许将膝盖跪在六点钟位置的石块时钟刻度上,会容易一点。

等伸手可以抓住上方横档,就终于可以爬上去站在塔顶的纹章旁休息一会儿了。

现在,我们再来谈谈"洋葱头"塔楼。

从层层石条逐级而上,就能抵达尖顶的底部位置了。有人成功爬上过此塔,我们引用一些他日志里的话。

"尽管沿途的石条容易松动,但'洋葱头'还是很好爬的。在沿着石条直通上去的地方,我必须得用胳膊抱着它,仿佛哀伤的阿米莉亚(详述见下文)所用的那种亲密的拥抱。塔楼上有两道塔脊,要用胳膊的力量才能爬上下方的塔脊,等再用胳膊使劲爬至上方的那个塔脊时,我的胳膊已经酸痛无比了。由于这个地方非常容易暴露,爬上去后我就迅速下来了。让我感到有点意外的是,从横檐上跳下来时,我并没有摔着。毫不骄傲地说,我觉得自己那一跳很厉害,我都不记得当时是怎么做到的。我得说从那里跳下来时重力很大,担心自己会摔跤。我以前可从来不是那副德行。攀爬那座塔楼时,我感觉自己就像水蛭一样,想要紧紧抓住那些并不牢靠的扶手。"

不过,这位攀爬者在攀爬时,很不凑巧,他的相机不太配合,他只得优雅地在上面一遍遍重复自己的动作,以供拍照。但负责拍照的同伴做事效率并不高[1],他摁一摁这里又碰一碰那里,想看看闪光灯出了什么问题。那几个闪光灯泡也许是厌倦了他这样瞎鼓捣,当时怎么都不亮(而在那一晚事后却能亮了,到了第二天又时亮时不亮)。那是最后的三个灯泡了。看到这样的情形,上面的那位攀爬者终于松了口气,不用重复攀爬动作了。他爬了下来。第二天,他就乘着首班航船离开英格兰了。

他走了以后,其余那两位负责照相的人,挑了一个夜晚也去攀爬,但没成功。

---

[1] 只是大家都这样说,不是真的说他如此。

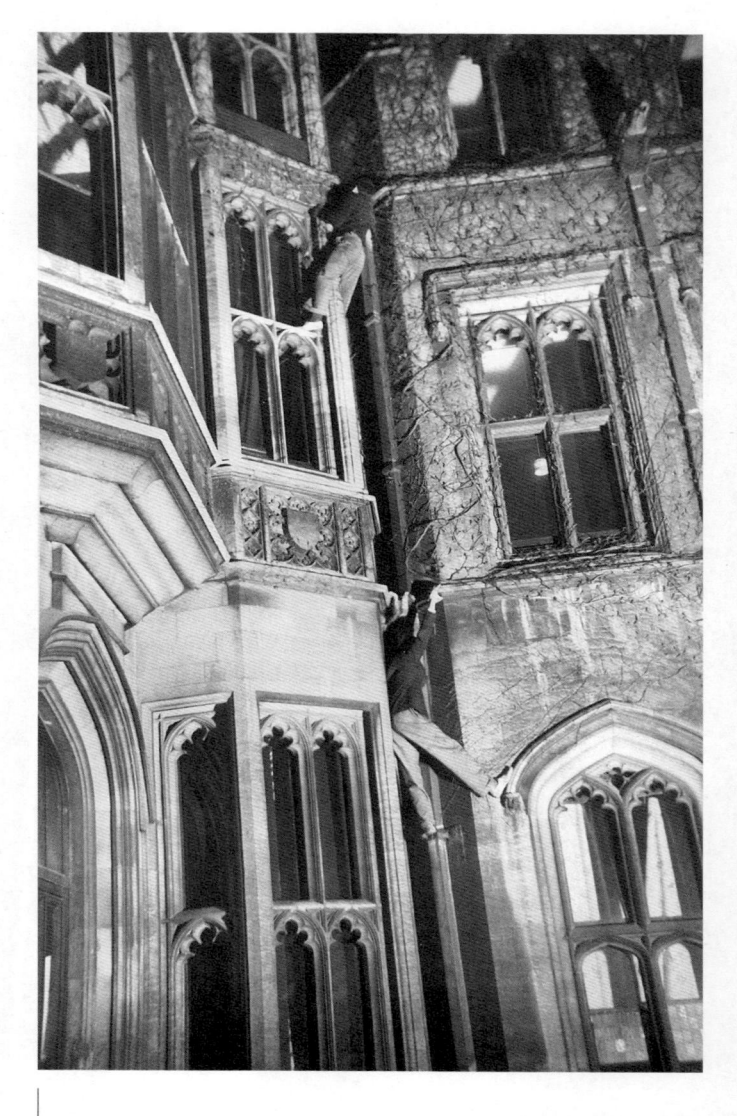

国王学院，特温德屋外墙凹槽。这个地方很难爬。两位攀爬者上方悬有两块楔形石头，很难爬过去。

其中有一位攀爬者没有攀爬经历，平时只是负责照相。当他爬到大钟盘面下方时，失足背朝地摔在了地面的石板瓦上。虽然高度只有几英尺，他也没受伤，却击碎了一些瓦片，必须得重换了。换这些瓦片，耗费了学院3英镑。后来我们听说，保安队长以为这几块碎了的瓦片是几个月前建筑工人施工马虎造成的。而这两位攀爬者为了遵从"攀爬者不得有损攀爬地物品"的原则，后来给学院邮寄了一封匿名信，信封里装了3英镑，封面上写着"良心钱"几个字。学院财务处会计收到后，肯定会很惊讶。

在历次攀爬传达室的事件中，曾有连续三次被校方发现的情况。第一次，攀爬者是两个国王学院的学生，但他们顺利逃脱了。第二次，攀爬者不是国王学院的学生，逃脱过程中遇到了一点困难。当时，地面上站着一个保安，屋顶上也站着一个保安，看到这种情况，他们中有一个人不得不从传达室一侧爬满了青藤的纱窗上跳下去。不过，他没有摔伤。因为守在地上的保安岁数大一些，他设法逃脱了。

第三次攀爬事件，有点引人注目。涉事的有两名国王学院的学生，如果被保安看到就会被认出来。他们先派一号成员爬上了排水管，但一号弄出了动静。听见有响动，传达室的窗户里立即冒出了一颗脑袋，看外面发生了什么事，并大吼一声："警察！"那时，二号成员正在屋顶上，他可不喜欢听见这声吼叫。他迅速从排水管上滑下来，也不在乎自己的姿势难不难看。为了不被认出来，他弯着腰，赤着双脚拼命逃跑。幸好，当时警察离他还很远，这让他顺利逃脱了。

读大学期间，我们还没意识到传达室的攀爬难度，曾想过去女帽店买一尊半身假人像，把它放到传达室的尖塔上。于是，一个周六的午餐时间，我们走进了一家大商场，询问有没有女性裸体躯干模具卖。收银员很机敏地喊来经理，让经理与我们交谈。经理过来了，很明显，从他的表情可以看出我们被认为是疯子，于是在和我们打交道时他很有技巧。后来，我们以不菲的价格买下了这个半身模具，并郑重地称之为阿米莉亚。她陪伴着我们，一起经历过很多令人兴奋的事情。但是，唉！我们从未把她带上过某个学院的尖塔，让她从尖塔上俯视世界。后来，我们丢弃了她，遗忘了她，让她一个人孤零零地衰老在满是灰尘的阁楼里，只有一只蝴蝶陪伴着她，蛰伏在她的胸前。

最后，来讲讲特温德屋的外墙凹槽吧。

这个地方看起来很好爬，也许是的。不过，我们中间负责拍照的人并不这样觉得。对我们来说，它看上去很难被征服。在攀爬时，你很难忘却下方坚硬的铺路石。

从正对着阅览室窗户的外墙凹槽开始攀爬。用背和膝盖协调工作，右手按在窗户中间的凸缘上，蠕动着往上爬，而后就能站上凸缘了。

现在，在外墙凹槽里转身向右，抓住方形排水管，以免向外滑倒。攀爬这个外墙凹槽，要面对的就是一扇窗户。这扇窗户上横着一个倾斜的凸缘。一只脚踩在上面，就能爬得很高。

而后就可以很轻松地抵达屋檐下方 6 英寸处的铁箍了。

你可以用手指末关节抓住这个铁箍，不过也只能这样了。

接着，你很快就能力度适中地抓到第一个横檐了。用一半力气将自己挂在这个横檐上，用一半力气攀爬外墙凹槽，这样就能爬上去了。横檐的左上方有一块带顶饰的挡板，可能也有助于攀爬。

第二个横檐更加令人生畏。攀爬时，你得单脚或双脚站在左边的窗台上。在夏天，窗台上长满一层厚厚的青苔植被。我们团队中有三个人尝试爬完整个横檐，但只有一人成功。

没有从地面爬到窗户位置的人，如果也想上屋顶走走，可以直接从第二个横檐上方的顶楼窗户里钻出来，再爬上去。然后，稍稍努力爬上大厅的双子尖塔。上面的石头不是很坚固。我们在爬一个尖塔时，就有一大块石头掉下来，顺着屋瓦滚落下去，声音很大。

现在，我们来讲讲国王学院礼拜堂。对于攀爬者来说，国王学院礼拜堂是一座有着悠久攀爬历史的建筑。尽管我们对它的秘密发掘甚少，但还是有所获。我们没有刻意将其光芒放大，手中也没有魔镜来显现其已经不为人知的攀爬历史。有关国王学院礼拜堂的很多攀爬事件，也许并未被我们发掘，只因缺乏更多的线索。不过，无论我们已经挖掘到的事情有多微小，我们都将把它记录下来。

第十三章
国王学院礼拜堂

"你不要使我们听见你的声音,恐怕有性暴的人攻击你。"
——《圣经旧约·士师记》第 18 章第 25 节

世界上估计没有比国王学院礼拜堂更能引起攀爬者兴趣的了。不仅仅是那些喜欢夜间攀爬的人,其他人也有志于攀爬国王学院礼拜堂,但除了极少数人以外,很多人都会为爬不上去而感到失望。这座礼拜堂高达 160 英尺,在新图书馆建好之前,它曾是剑桥大学最高的建筑。关于它的建筑之美,前来观光的人观点不一,有些人会说它太高,但对于攀爬者,他们总是心怀敬畏和虔诚注视着它。这座建筑有一种魅力,可以征服我们的大脑,扰得我们心神不宁。它看上去很难爬,很有挑战性。看着它,你会感觉前一分钟它好像还在挑逗着你前去攀爬,后一分钟就严厉地拒绝你的行动。然而,你很可能会渐渐爱上国王学院礼拜堂,欣赏它每一面的风景,倾听它的塔尖在暴风中吟唱,日日夜夜都会想着它,只想投入它的怀抱,去感受世界更高处的思想和感情。

谁是第一个有幸爬上它的人呢?我们无从知晓,尽管有些线索让我们能猜出大概的时间。

国王学院由虔诚的亨利六世于1441年修建而成,当时英格兰正处在动荡之中。这段历史在记载中是空白的,编年史学家没有将这一时期大大小小的战役记录在牛皮纸上。有没有可能是哪位冒险家为了讨女人欢心,特意爬上去将其铠甲和面甲放在塔尖上?在那里,有没有长出约克家族的白玫瑰,或者是兰开斯特家族的红玫瑰?我们认为,应该没有。

国王学院礼拜堂。

1752年，本杰明·富兰克林发明了避雷装置（他自己更喜欢称之为避雷针）。也许第一根避雷针刚发明出来时就被装在国王学院礼拜堂上了。从上往下看礼拜堂，避雷针被装在最不显眼的地方。但幸运的是，那是一个最便于攀爬者加以利用的位置。所以我们的观点是，礼拜堂在安装了避雷针不久后才有人首开先河爬了上去。关于这个观点的技术原因，我们将在后文中表述。

这一观点是有证据支持的，一个有关历史的有趣证据，但我们无法进一步查证。那是在很多年以前，有人在这个礼拜堂尖塔下方20英尺处的横档上发现了一枚硬币，这枚硬币上的日期是1760年。

那么，是谁将这枚硬币遗失在那里的？是哪位喜欢行走于夜间、做些怪事的独行侠丢下的？是一支攀爬团队里的某位成员丢下的？攀爬礼拜堂的传统是否一直延续到现在从未间断过？还是中断过150年，直到这个世纪，才又得以延续的呢？具体如何，我们真的不知。但是，那枚硬币却能证明我们的假想。

我们发现的第二例攀爬礼拜堂的主人公，是一战时期的一位大学老师。这位大学教师是在大白天公然爬上去的，并且那次攀爬，在某种程度上还跟他不想服兵役有关。那么，他的行为是证明了和平主义者绝非胆小之徒，还是证明了从医学上讲，他的健康状况很适合服兵役？对此，我们也无法知道实情。直到我们写作此书时，这位教师仍健在，并且还在教书，但我们不可能再去深究这位老人那段滑稽搞笑的往事了。

从 1760 年到 1932 年，礼拜堂还出现过好几位攀爬者，但我们对此所知甚少。一战后不久，有几位海军在礼拜堂顶上留下了一辆自行车和一件长袍。1922 年，还有两名圣约翰学院的学生，他们爬上了克莱尔学院或三一学院大厅的其中一座。而且，当时他们在上面还听见了一名国王学院的学生正带着一伙人攀爬礼拜堂。这名国王学院的学生告诉我们，他认为自己是第一个爬上国王学院礼拜堂尖顶的人。第二天晚上，他们几个人又在礼拜堂的不同方向各自单独行动，经过了二十分钟，在屋顶胜利会师。当时，他们并没有继续往上爬礼拜堂屋顶的塔尖。但在第二天上午十一点半，他们中有一个人去攀爬了礼拜堂东北角的塔尖。

说一个和国王学院某大学生有关的故事。据我们听到的，这位学生打算不借助避雷针爬上礼拜堂的屋顶。为了达到这个目标，他连续三个月，每天晚上都和一位朋友一起练习攀爬，攀爬的高度每星期都会有所增加。等他感觉动作熟练后，便一路爬了上去，并从上面放下一根绳子，让他的朋友也爬上去。下来的时候，是他的朋友在上面握住绳子，让他先顺着绳子下来，而后自己再下来。这样，他们每人都有了一次不用绳索，直接攀爬的机会。此人后来获得过奖学金，他常说，这个奖学金是他攀爬礼拜堂得来的。

1932 年，有人连续两晚攀爬了礼拜堂。第一天晚上，有两位攀爬者成功爬上塔尖，并将一把雨伞绑在了上面。当时，他们带了一根绳子和一根 10 英尺长、末端有钩的棍子，目的是用这根棍子把绳子挂到攀爬者上方的凸缘上。后来，他们把绳子拴在了角塔的内部，那根棍子没有被使用。

攀爬完成后，他们在回去的路上偶遇了另一位攀爬者，说当时他在三一学院的屋顶上瞧见了他们攀爬礼拜堂的整个过程。这位攀爬者因为没能跟他们一起攀爬礼拜堂而略显失落，所以他说服了其中一位跟他一起再去爬一次。这一次，他们二人将一把从三一学院"偷"来的雨伞绑到了同一端的另一座塔尖上。据说第二天早上，保安带着一位持枪的年轻人到屋顶上，来将违反校规、绑在塔尖上的雨伞击落。这件事引来人群围观，甚至连《泰晤士报》通讯专栏都报道了此事。

不过，见礼拜堂上已经有人绑了一把雨伞，另一群攀爬者可不高兴了。他们也曾计划攀爬礼拜堂，现在却发现有人比他们先到一步。他们阴沉着脸，拿着钱去买了两面英国国旗。夜间，他们将国旗绑在了被击落的雨伞残桩的上方。于是第二天早晨，院长又把持枪年轻人找来，让保安把他带上去击落国旗。这位年轻人在朋友圈中的外号叫"海军上将"，他不想朝国旗开枪。而院长想用 20 英镑的高空作业费，来打消年轻人的这种陈旧思想，并让他开枪。但"海军上将"还是忠于自己的爱国情结，不为所动。他站直了身子，对院长说："先生，我可不朝国旗开枪。"

如果这是一部表现夸张的戏剧，这一幕肯定与斯坦利和利文斯敦①见面的经典场景难分伯仲。可当高空作业费送到他手里之后,他的子弹最终从屋顶射出,国旗随后就被击倒了。

校方公开表示,他们非常担心有年轻人不顾自己的人身安危,冒险在此攀爬。为此,校方拆除了避雷针,以免被攀爬者利用。据传言,有一位攀爬者爬上屋顶后,心里十分害怕,不敢下来,最后被人救了下来。这可能完全是无稽之谈吧。

但可以确定的是,在这些攀爬队伍中,至少有一个团队的人,被塔尖附近石头的疏松质地所困扰,如果那些用作扶手的石头在不恰当的时候松动碎裂,还真是件麻烦事。自此以后,礼拜堂在攀爬者心中的名声大受影响。攀爬者都说,因为塔尖上的石头不牢固,攀爬起来很危险。所以,礼拜堂在攀爬者心中的地位也大不如前。

不过,如此宏伟的一幢建筑,不会因为一些原因一直不受欢迎。在礼拜堂名声受到影响不久之后,有人又开始尝试攀爬礼拜堂。不少出色的攀爬者都在它倨傲的墙壁下徘徊,却无成功的希望。没有了避雷针,大家都认为不可能爬上去。

---

① 戴维·利文斯敦(1813—1873),将一生奉献给中部非洲探险事业的苏格兰医生兼传教士。他于1840年到非洲探险,1849年穿越卡拉哈里沙漠,1855年在赞比西河发现由他命名的维多利亚瀑布(今名莫西奥图尼亚瀑布),他的探险记录使非洲地图原来的许多空白处逐渐得以填满。1871年,当世人许久没有听到利文斯敦的消息时,美国《纽约先驱报》发起了由亨利·莫尔顿·斯坦利(1841—1904)带队对他的寻找。1871年10月,斯坦利在乌吉吉找到了利文斯敦。两位探险家成了忠实的朋友并一起旅行。1939年,一部名为《斯坦利与利文斯敦》的电影再现了这一传奇。——译者注

但到了 1934 年，又有人差一点征服它。那一年 10 月的某一个下午，有三个人合谋先进入礼拜堂，其中有一人跟礼拜堂理事说，自己想去屋顶上"看看风景"。理事把钥匙交给了他。接着，另外两人把理事从塔门引到墓碑附近，说要他看墓碑上雕刻的日期。

两分钟以后，又来了第四个人进入了礼拜堂，他肩膀上扛着一个旧的防水布袋，里面装着一根 100 英尺长的绳子。

看到第二个人和第三个人成功地将理事引到距离教堂较远的另一端，第四个人便溜进了一个有旋转楼梯的角塔。第一个人连手也没挥，跟第四个人打了个招呼，说了声"再见"就回去了。教堂理事对此自然不知情，直接锁了门，第四个人便被锁在了里面。

第四个人在角塔里苦等了两个小时，其间大部分时间都是枕着绳子在睡觉。这时如果突然有人进来参观，场面一定很尴尬吧。但是，这种事情并没有发生。这个人醒来时，发现四周一片漆黑，只有从一扇开槽的诺曼式窗户的缝隙里射进来最后几缕落日的余晖。他只好沿着避雷针的导线走着，将绳子系在栏杆上，向下望去。

那个景象实在是太恐怖了。他将防水布袋扔了出去，看着它被风吹鼓，在漫无边际的空中翻滚下去。布袋里绳子的末端并未碰到地面。而在角塔下方的右侧，国王街上的一个灯柱正朝四周散发着惨淡的灯光。

有一个问题是他之前并未考虑到的，那就是他无法将这根绳子固定到距离外墙凹槽侧边再近一码的位置。这就意味着他要么只能抓着绳子开始往下爬，要么只能不用绳子，只身沿着外墙凹槽往下爬。如果他不仅想荡进外墙凹槽，同时又想抓着绳子，那么这根略短的绳子就会把他往外拉。他决定抓着绳子向下爬，因为他相信，等高度再降一点，自己有办法调整身体并进入外墙凹槽。不过，前景似乎不那么乐观。他后来写到，在他爬出横档之前，曾和头顶上空的星星有过一次真诚的交流，思考了好一会儿要不要这么干。

当他抓着绳子向下爬，屋顶滑过他的前胸，滑过他的脑袋，滑过他的手，这时他遇到了第一个困难。这是一根登山绳，但还是太细了，细得不足以绑牢双腿。他双手交替，迅速往下爬了 12 英尺，用绳子将双脚缠在一起，尽量保持静止。然后他将双脚松开，想荡进外墙凹槽里。但这不管用，不是他的脚先碰到外墙凹槽后弹出来，就是身体碰到外墙凹槽后弹出来。他重复着这个动作，消耗了太多的时间和体力。他把绳子缠在脚上，又休息了一会儿。这时候他才发现，自己距离地面还有 70 英尺的距离，安全着陆仍然希望渺茫，这让他感到十分沮丧。

当人们遇到十分戏剧性的时刻，总会有些奇怪的反常表现。这位攀爬者当时的情况就是如此，他突然忘了本该有的恐惧，居然笑了出来。礼拜堂里的合唱团，恰好还在这时唱起了《西缅之颂》。

他又往下降了 10 英尺，试着荡进外墙凹槽，但依然没能成功。于是，他决定就在绳子上以双手交替的方式往下爬。等他离地面还有 40 英尺时，他的双臂已经精疲力竭了，似乎在逼着他迅速做出决定，是放弃攀爬直接掉下去摔断脖子，还是继续坚持直到磨破手指头为止。最终，他选择磨破手指头，之后的六个星期里，他手上一直缠着绷带。

这件事发生在六点钟后不久。这个团队里的其他人，因为这根绳子太短荡不进外墙凹槽，迟迟不敢下决心尝试。这根绳子后来被校方没收，用作礼拜堂的敲钟索，一直至今。得知此事后，校长执意要把这位犯了校规的学生开除，但有一位好心的老师从中调解，所幸他的话起了作用。至于这位犯事的学生，现在的工作是收集蝴蝶。

从那以后，学院要求每一位参观礼拜堂的人都要将自己的名字记录在案，并且交付六便士的参观费。

不过，校方上有政策，攀爬者下有对策。值此危难之际，有一位名叫乔治的人（他现在在肯尼亚当校长，也是一英里赛跑的破纪录者）伸出了援助之手。乔治身形高大，有点驼背，即便是在干旱燥热的天气里也永远带着雨伞。他以前常常来我们这里玩。聊天的时候，他总是找个谁都骗不了的小借口，坐到钢琴那里，盯着一本破旧的贝多芬曲谱看。我们一直很喜欢听他弹奏钢琴，不是因为他大幅度地探身向前盯着曲谱看得两只眼睛放光，也不是他弹得吵闹无比，而是因为他是乔治。

乔治是这样施以援手的。他在宽松的裤子里藏了一把锤子，在口袋里藏了一块肥皂。他付给教堂理事六便士，拿到了钥匙，然后开始爬上旋转楼梯。楼梯爬到一半趁着光线昏暗，他把肥皂放在石阶上，把钥匙放在肥皂上，然后用锤子小心翼翼地敲打着钥匙,想要拓下钥匙的模子。可惜,那块肥皂太硬,全碎了。

第二天,乔治带着一块软肥皂又去了,这一次他拓下了钥匙的模子,更确切地说是两份,一份是钥匙的侧面,一份是钥匙的底端。因为配钥匙需要这两份模子。

随着大家对成功实施攀爬越来越抱有希望,便特地派了一个人前往伦敦配钥匙。这个人去找了甘菊街附近一位有犯罪前科的锁匠,让他配制了一把钥匙。这把钥匙长4英寸,但对于那扇结实的角塔橡木门来说,还不够长。于是,他又跑了一趟,把钥匙加长了2英寸。乔治带着那把钥匙回到了礼拜堂,试着用它来开角塔的门。钥匙吻合,门打开了。

不过,这件事干得有点本末倒置。他们有了角塔的钥匙,却没有礼拜堂的钥匙。

任何事情,不去尝试都无法成功。某天晚上,他们中的其中一人在早上四点醒来,起了床穿戴好,前往礼拜堂。他随身带了一截电线和一只手电筒。因为他猛然想到,也许用电线就能撬开锁。那位有犯罪前科的锁匠就说过这个方法!

他轻轻压着门,让手电筒的光照进去。太神奇了,门居然是开着的!他一步一步往前走,走进那片散发着香味的黑暗之中。

后来,他在日志中写到,在这里他遇到了一个很棘手的问题。既然门是开着的,那就有可能是某人疏忽了没关,这可是机不可失。他应该怎么办?

他的攀爬同伴,一人在凯斯学院,另外两人在彭布罗克学院，还有两人在伊曼纽尔学院。当时已过四点，没时间召集队伍，而且他们可能还不愿意在凌晨四点半被拉出被窝，望着还没亮的天空瑟瑟发抖。因此，他转身回到床上，带着狂喜的新希望入睡，等待着下一个夜晚的到来。

后来他又单独去礼拜堂探访了两次，每次都发现那扇门是开着的。在第二次拜访的后一天，他装作顺道来到传达室，和保安聊天，随口问道："礼拜堂的门前为什么要装铁丝网？有铁锁和橡木门就够了吧。"

保安回答说："是啊，不过你看啊，先生，礼拜堂的门是从来不锁的。我们锁上了铁网，这样风琴师和其他人就能共用一把钥匙进来了。"

原来是这样。

攀爬小组闻风而动，他们像一群蠼螋围住橘子皮一样集合起来。那两个伊曼纽尔学院的学生退出了团队，但既然得知有此机会，剩下的四人赶紧行动，依次爬上了屋顶。然而，闪光的未必都是橘子皮[①]。

他们排成一列纵队，摸索着爬上旋转楼梯，走到屋顶，继续前行，来到目的地。而后，大家让凯斯学院的休开始行动。休这个人当时在攀爬者这个隐秘的圈子里很有名望，大家都说他是剑桥最好的攀爬者。大家出了个好主意，让休先爬上去，从上面放下绳子，供其他攀爬技巧不如他的人利用

[①] 此句是对谚语"all that glitters is not gold——闪光的未必都是金子"俏皮话式的改写。——编者注

绳子爬上去。休开始往上爬了，每个人都很兴奋。大家都有信心一定会成功。

然而，休在第一个屋檐就停下了。屋檐处没有扶手，离地足有5英尺的距离，没法爬上去。休做了一个漂亮的动作，保持身体平衡，用手抓住上方1英尺远的一个物体，他又停住了。随后，他爬了下来。如果有人陪休一起上去，充当他的人梯，就会更容易爬上去。休环顾四周，似乎也想找这样一个同伴。

他是个小个子，也不重，但若让某人一边坚持趴在垂直的墙体上，一边还要充当人梯，那么休就显得有些重了。剩下的人也试着爬了一下，但没有一个人能像休一样再爬高1英尺。不幸的是，休当时并没有发现角柱里有凹槽。如果发现了，就可以把它与这面墙体的中间部分当作外墙凹槽，继续往上爬。

休的失败，宣告了这个角塔是爬不上去的。但是之前的攀爬者是怎么成功的呢？答案似乎显而易见，利用避雷针。不幸的是，当时在攀爬者间盛传，避雷针的主体部分已被卸掉，以防有人攀爬。因此，没有人愿意转来转去寻找避雷针，于是大家先撤了下来，行动宣告失败。

这时，有人弄来了一根扫帚上的把手。大家想用这个把手将一根绳子挑到屋顶上方40英尺处锯齿状的护墙上。但把手太软，仅其自身重力就能让它弯曲，根本挺不直，没什么用，大家就把它扔掉了。

这样看来只有一个办法了，那就是用手把细一点的绳子投掷到护墙上,然后再用这根细绳把粗绳拉上去。他们把网球包在一块手帕里,做好准备。

所要投掷的目标是一个只有6英寸宽、40英尺高的缝隙,投手必须站在有坡的屋顶上,从一个很难投准的角度投出网球。那根细绳必须松散地放在屋顶上,以保证网球在空中飞行时不给它造成什么阻力。而且,必须得有个人站在细绳上,否则投手在投掷时细绳有可能会缠在其衣服纽扣上,导致网球回弹而砸到投手的脸部,又或者细绳会乱成一团,再或者,会无故刮来一阵狂风吹跑细绳。即便是最轻柔的微风,也会对投掷产生干扰,所以投手必须精确到6英寸范围内。每一次失手,他就必须把网球从地上的某个角落拽回来,重新投掷。正因为有上述这些困难,攀爬者每次投掷前都要花半个小时的时间做准备。他们要在黑暗中摸索,同时又要提防街道上的警察,这样看来成功的机会微乎其微。这时休又打算退出了!

尽管休是一位出色的攀爬者,但他有一种屋顶攀爬者专属的幽闭恐惧症。他总觉得如果同伴发出一丁点儿声音,同时运气不佳,就会被人发现,而这意味着他们不得不爬下旋转楼梯束手就擒。基于此,他终于选择了退出攀爬礼拜堂,沉迷于其他令其兴奋却不那么荣耀的攀爬行动了。最初的六个人,至此已退出三人。

这也许是他们最黑暗的时刻吧,因为这很可能意味着最终的失败。然而,他们没有一个人承认失败。没过多久,有人出了一个主意,似乎行得通。

出主意的人是一名弓箭手。对他来讲，还有什么事情比把箭射过护墙更简单的呢？他知道如何把握射箭的精确度，知道朝护墙射箭比射中 50 英尺开外的明信片要简单一些。他用一块滚烫的烙铁在箭尾穿了个洞，再让线穿过这个洞，然后在格兰切斯特附近做射箭实验。实验最终成功了。

于是，他们满怀希望，带着几团细绳、一张弓、几支箭、一面国旗、一只手电，还有其他几样小物件，重新爬回屋顶。当他们利用 15 英尺开外的灯柱翻过大门外的铁丝网时，总是有点冒险，会不可避免地发出一些响动，但他们还是成功地翻过来了。然后，他们沿着漆黑一片的旋转楼梯爬上屋顶，一路发出叮叮当当的声音。尝试的第六个夜晚，他们爬上了屋顶，但还是没能成功地将绳子射上去。有一次他们以为成功了，便开始拉细绳，但不知怎么回事绳子又掉了下去。

现在回头看看，那种情形真是相当滑稽。首先，他们要派一个人上蹿下跳地在屋顶上摆放好几百英尺长的细绳；其次，要十分谨慎，防止细绳发生缠绕；最后，一切准备就绪，弓箭手搭好箭，拉满弓，准备射击。到了关键时刻，弓箭手仔细瞄准，小心射击，其他人则在他身旁，焦急地等待。如果这时细绳没有缠住某人的外套纽扣，这根箭就会射向礼拜堂的尖顶，消失在夜空中。随后大约三秒，在路灯灯光的照耀下，你会看到一根连好的细绳从屋顶直冲向上，接着一切静止，那时所有人都在想，这次到底有没有成功。如果没有成功，他们就会把箭拉回去，过一会儿，再次重复这一场景。

据他们的攀爬日志中所写，那是1935年2月一个寒冷的夜晚，他们在屋顶上待了两个小时，北风咆哮，气温降至零下几度。在这么恶劣的天气里，他们竟然没戴手套。到了该走的时候，负责望风的人却没有回应，他已经冻昏过去了。

有一次他们下楼梯时，听见有上楼的脚步声，这四位攀爬者被吓得不轻。后来才发现，那只不过是他们自己下楼时在楼道里的回声罢了。

还有一次，负责射箭的弓箭手走到礼拜堂的远处，找那支断弦的箭，他竟看到教堂里有一道光。当时是凌晨四点半，他们几个人再次打了个冷战。不过在第二天，负责处理"外交事务"的那位攀爬者用自己的方法查明了原因。原来，是一盏落在礼拜堂侧堂的灯发出的光。

既然屡战屡败，没有其他选择，四个人只好承认爬不上去。他们很有风度地对屋顶告别，并静下心来，每天读几个小时的书，准备迎接六月份的各种考试了。接下来，我们讲讲在六月份成功爬上礼拜堂的案例吧。

考试结束以后，有两个攀爬团队像往常一样庆祝。当时，他们穿过彭布罗克街，准备前往伊曼纽尔学院。途中，有人来了兴致，突然改变方向，跑去攀爬法学院了。他用手抓住一根柱子，脚站上柱子边上的凸起之处。那一瞬间，他突然想到，显然还可以从礼拜堂角塔柱子继续往上，爬到上方的两个横檐上。

于是大家决定，让彭布罗克学院的查尔斯带上院友比尔，在第二天午夜去攀爬礼拜堂。可是，唉！查尔斯当时满口答应，一转眼就把这件事忘得一干二净。

其中一支攀爬团队中的一号成员在礼拜堂等了一个小时，所幸还有一位优秀的攀爬者同他一起，度过了那一夜，后来这位攀爬者被选定为四号。

他们各自攀爬一座角塔，事实证明，一时兴起攀爬法学院时冒出的想法是正确的，可以用这个方法爬礼拜堂。一号成员怀着巨大的恐惧，成功越过了两个横檐，站到了上面的护墙上。不过，他忘记带旗子了。

当四号下去拿旗子的时候，一号就在上面，收集了一些零碎东西：大约十二支箭、数百码的细绳、网球等等。

四号成员带来了旗子，但忘了带旗杆，所以只能把旗子松散得摊放在屋顶上，大约放了两个月。

这里我们应该提一下，当时距离塔尖 12 英尺处，有一块重约 10 磅的石块，从塔体上凸出的地方松动了。角楼塔体是垂直的。尽管用来立足的凸点看起来很安全，实际上却有松动。不过，因为这位攀爬者幸运地选择了正确的攀爬方式，没有发生危险。他的右手扶着松动的石块，并未立即松手，而是一直紧紧依靠其他三处没有发生松动的着力点，保持身体平衡。当他右手的支撑物脱落时，他本能地低头看着那块石头下落。在黑暗中，他看不见那块石头，但当它落在距离屋顶超过 50 英尺的地面，并传来碎裂的声音时，他的伙伴们顿时不寒而栗。

第二天早上，大家前去检查，发现了一件有趣的事情，这个掉落的石块上长满了青苔。回想昨晚这位攀爬者还穿着运动鞋，攀爬时天上还零星飘落着雨点，当时可真的处在危险的边缘，一不当心就会滑下去。

攀爬者们纷纷把好友从床上拉起，一起分享成功的快乐。比尔当时正从凯斯学院回到彭布罗克学院，时值凌晨三点半，他把头靠在窗前想看看发生了什么事情，然后也加入了他们的庆祝聚会。

接着，大家互相打趣开玩笑，我们这里不予置评。后来，校方正视了总有人违反禁令前去攀爬的这个问题，于是请人前来进行高空作业，做好安全措施。（对此，我们觉得校方很有人情味。）他们并没换掉旋转楼梯的门锁，也没有在角塔的底部加装警报器。考虑到攀爬者不用避雷针也可以进行攀爬，校方就把避雷针又装回了礼拜堂的外墙凹槽。

不久以后，许多人都计划着应征前往埃塞俄比亚服役。彭布罗克学院的查尔斯就是其中一员。当时，前来招兵的有三名军官和一名陆军中士。不过，他的当兵计划并没有实现，原因有两个。首先，征兵军官们发现这些学生没有如他们所想的那样，及时在铁路修好之前就从学校毕业去当兵。因为这还要近三个月的时间，他们觉得太迟了；其次，查尔斯的头上正好不合时宜地长了一个肿块，这使得他的当兵生涯还没开始就结束了。当兵虽然是一个有趣的计划，但查尔斯最终在为此准备了好久之后放弃了。

查尔斯狂热的参军想法，可能还是1936年4月26日攀爬爱好者发动攀爬行动的一个缘由。因为查尔斯去世了，他在世的时候就十分渴望爬上礼拜堂。那么何不为了他去攀爬一次礼拜堂呢？这也算是为查尔斯完成未竟之愿。正因如此，查尔斯的一位朋友出面谋划了所谓的"拯救埃塞俄比亚"行动。

在那几个招兵军官中，有一位曾多次访问过埃塞俄比亚帝国公使馆，他说他可以从公使馆里弄些东西，为大家的行动提供帮助。聪明的人一点就通，这位军官访问公使馆回来时，真的为大家带回了一件隆重的礼物，一面12英尺长、6英尺宽的埃塞俄比亚三色旗，旗子绑在一根8英尺高的旗杆上，除此之外，这位军官也买了一面英国国旗。

查尔斯的那位剑桥朋友还买了一块白色的亚麻布，13码长，42英寸宽。他和女店员说打算用这块布做一条苏格兰短裙，女店员对此深信不疑。他还买了三桶喷漆，跟一个朋友一起，在亚麻布上涂了"拯救埃塞俄比亚"的字样。他们把布缝到棍子的末端，以便在上面放绳子。

而后，两人负责攀爬，两人负责旁观以作见证，一行四人，用那把珍贵的钥匙，登上了礼拜堂的屋顶。他们还带上去一根100英寸长的绳索、一根40英寸长的打结绳、两根小旗杆和一卷横幅，这些东西虽然很重，但他们仍然扛得很开心。

每成功爬上一座塔楼，他们就会爬到塔顶，从那里放下一根旗绳。他们让二号成员把旗子绑到旗绳上，然后往下爬到护墙上。二号有些不高兴，他在想凭什么让一号在上面而我要爬下去。

而当时，一号却正在上面左右为难。他已经弄丢了两截绳子，这绳子本打算用来将旗子绑在避雷针上。所以他不得不一边用嘴咬断绳子，一边还要用手拿着旗，这真是一个耗时又累人的活儿。同时还要回答不高兴的二号在"视察工作"时的暴躁盘问。他真渴望自己的牙齿能和猿类祖先的犬齿那样锋利。

这几个人对自己在屋顶上弄出的动静真是全然不顾。

一号终于弄好了，他往下爬到护墙上。横幅从两边被拉起。在场的人心中顿时涌现出这样一幅景象——清晨，起床的剑桥人看到横幅后心生内疚，纷纷涌向埃塞俄比亚帝国公使馆前去捐款。然而，后来的事实并非如此。

现实情况是仿佛《麦克白》里所有的女巫都来施法作风，要把这个横幅吹下去。风吹横幅猎猎作响，响动甚至让这四位攀爬者感到有些不安了。接着，在东北方向的角塔上，大风突然将横幅拖离了固定绳，整面旗子都被风扯掉了。

下一分钟发生的事情更加令人不快。横幅被大风吹下去后，朝一个穿着棉绒衣服的男人飞过去，可他猛地一挥将横幅扯碎了。横幅继续沿着水平方向飘到国王街的草坪上，引起的骚动在半英里以外都能听得到。这时，这几位攀爬者才警觉起来。因为横幅的碎裂声很大，极有可能吵醒待在100码开外传达室里的保安。巡逻的警察也肯定都会听见这个声音。说时迟那时快，二号赶紧拉着绳子把还在猎猎作响的横幅拽了回来。

这时就没有人听见横幅作响了。因为他们把横幅挂在远离风口的屋顶下方。但在那天九点以前，它就被保安发现并取了下来。

为了防止再次被保安取下，或者更确切地说，为了使记者能够前来拍横幅照片，这几位攀爬者来到电话亭，叫醒了那里的操作员，然后给伦敦的两家报纸分别打了电话，告诉他们这件事。两家报社想要知道他们的姓名，但他们还是尽量没有透露自己的名字。关于这一点，他们后来还真得感谢他们的幸运之星。

因为和报社的电话刚挂断，电话亭的操作员就给学院打了电话，告诉学院他刚刚听到的内容，并且对学院说，他没有听到这几个违规攀爬学生的姓名，为此感到很抱歉。这样看来谨慎有时还是有好处的。

当时这四人中的其中一人想把院长的雨伞拿来一用。出于谨慎，其他三人都反对他这么做。把院长雨伞拿来一用是那位攀爬者在屋顶上想出来的。他想用雨伞把角塔的门封一两个小时，拖住保安登上屋顶的时间，以等待报社的摄影记者前来拍摄横幅的照片。

角塔的门是朝里开的，里边有一个过道，约3英尺宽。提出借用院长雨伞的攀爬者（别号"蝴蝶收藏家"）想当他们锁门的时候，用一把雨伞横在过道里，这样就把角塔封住了。但后来校方传达给保安队长的指令是，可以使用暴力打开角塔的门，这就意味着，用来封门的院长的雨伞很可能会被弄坏。然而，还有一种危险的情况，即这把雨伞很牢固，弄不断，如果是这样的话，保安就有可能暴力砸门，或者利用脚手架爬到屋顶。想到这里，大家便放弃了这个想法。

在这里，我们要讲讲有关流动高空作业工人的故事，因为他们有能力拆除旗子，所以讲一下他们的故事应该也不算是题外话。

当时，四人攀爬礼拜堂这件事发生之后，剑桥大学登山俱乐部主席，同时也是国王学院的一名学生，向校方主动提议，让他爬上礼拜堂把旗子取下来。这位学生是在学院特别会议上提出的，校方听取了他的意见，让他吃完午饭后就上去。校方还准备让一位高级教师、一位牧师也上去，教师负责带这位学生，牧师负责拍照。正当他们讨论这件事的时候，一些一直在伊利大教堂干活的高空作业工人开着车，来到剑桥大学。

这些工人把登山俱乐部主席在校方面前的表现机会抢走了。他们打电话给学校，说可以把旗子取下来。其实无论是院长还是学院会计都不确定是否可以信任登山俱乐部主席，毕竟他也是个攀爬者。于是校方迅速敲定了与高空作业工人的这笔交易，并告诉他们要抓紧时间。这些工人的速度很快，到中午就把活儿干完，已经开始拆梯子了。

对于攀爬者把埃塞俄比亚的红、黄、绿三色国旗放到礼拜堂如此醒目的建筑上这件事，学校当局深感震惊。于是，始作俑者——那两名攀登者——刻意保持低调，开始低头做人。协助他们的同伙（在精英人士中）出了名，以至于好几个月里，剑桥大学几乎无人知晓此事主犯是谁。据我们所知，给大家讲的这些故事，可是首发的完整版本！院长给工人支付了20英镑之后，召集颇有智慧的学院领导坐下来，就此事再次进行商讨。

他们判定，这些攀爬的学生是通过旋转楼梯上去的，因为避雷针上明显没有攀爬的痕迹。因此他们决定，在通往旋转楼梯的大门上安一把弹簧锁，这种锁的钥匙无法配制。这么一来，乔治费心弄到的那把复制钥匙，就变成一件并无用处的纪念物了。攀爬者再也无法通过楼梯爬上礼拜堂了。

现在，攀爬礼拜堂的行动，该轮到拿撒勒学院的人来接替了。这个学院里有一个高个儿的大四学生，连续三年在自己的名字后面加上 C.C.（Chapel Climber）的字样，意思是"礼拜堂攀爬者"。他准备在此时去攀爬礼拜堂，为自己真正博得这个名号。

在这位大四学生看来，那个名叫"保卫埃塞俄比亚"的攀爬团队是从建筑物外围爬上去的，而他则在十二点刚过的一个夜晚，从礼拜堂东北角的外墙凹槽处爬了上去。他带了一把小刀，用这把小刀撬开扁平的避雷针导线，直到导线与墙体之间有了能让他手指插入的间隙。

这位学生不知道如何利用外墙凹槽进行攀爬，所以他采用的方法是利用导线攀爬，并且每往上爬一步，再用小刀把导线撬开，但是这样做太累人。他的日志中写到，他觉得这么做的话，工作量"简直太吓人"了。他一边撬一边爬，完全意识不到自己爬了多高，直到他惊讶地发现自己已经能看到老图书馆的屋顶了。爬上屋顶以后，他休息了四十五分钟，整个攀登过程一共用了两个半小时。在攀爬途中，他扭伤了背。他用手抓住避雷针导线，把自己拉到两个横檐的上方，在那里贴了一个万字符。

攀爬者正在横爬塔尖的底座,他距离地面足有 100 英尺。

他以前没有登山经历，却爬过不少屋顶，但难度都不太大。这一次，他甚至没有做过前期准备和训练，只是一个人孤军奋战，居然成功地爬了上去，真是太厉害了。他告诉我们，下来之后，他走到学院后门时，感到体力不支，根本爬不了后门，只好先躺下来休息了半个小时。可是，当他在礼拜堂屋顶的时候，同样也很累，但那时他还是坚持了下来，并完成了整个攀爬过程。看来为了冒险，还真得付出相当的体力。

对了，为了门上换的那把新弹簧锁，院长还得再掏20英镑。这不能怪院长心里会不高兴。撇开对他的个人成见不谈，他如此反应我们是可以理解的。

写到这里，最后讲讲我们这个攀爬团队的攀爬经历吧。

我们先后爬过五次礼拜堂，为的就是拍一些令我们满意的照片。我们在仲夏之夜爬过，在寒冷的冬天爬过，但其间仅有两次攀爬经历值得在这里讲一讲。第一个是在一次攀爬中，我们有两位成员被抓。

那一次去攀爬的共有四个人，两人负责攀爬，一人负责照相，还有一人负责打闪光灯。那天晚上的任务仅仅是给塔尖拍几张照片。大家看到礼拜堂西南角有一些脚手架，可以利用它从地面爬到屋顶，就把它弄了过来。大家最初的想法是让负责攀爬的其中一人和打闪光灯的一人爬到东南边塔尖的护墙上，负责攀爬的另一人爬到东北边的塔尖上，两处距离大约五十多英尺，而后让负责拍照的人给他们照一张相。然而，负责打闪光灯的这个人体重实在不轻，要让负责攀爬的那个人把他拖到40英尺高的护墙上可真是办不到。而且，这位负责打闪光灯的攀爬者还想在剑桥大学划艇比赛中得第一名，而剑桥大学划艇俱乐部主席曾明令禁止他和我们混在一起搞什么攀爬。（整个划艇俱乐部的成员都接到过这个不准攀爬学校建筑的命令，让我们损失了三员攀爬大将。）

所以，这个计划得稍做调整。大家决定把相机弄到护墙上，把打闪光灯的设备留在屋顶，另一位负责攀爬的人仍然爬到东北边的塔尖上。可是当他距离塔尖还有15英尺的时候，看见一个警察朝传达室走去，接着就听见了两声警铃，随后一分钟不到，又亮了两盏警灯。保安们全副武装，准备出动抓人。

看样子逃跑是来不及了，为了不让其他人担心，这位攀爬者没把自己看到的情况告诉他们。他想的是反正也跑不掉，不如先把照片拍好。

糟糕的是闪光灯又一次罢工了。他们对反光罩又砸又摇，还时不时小心地摸摸这儿碰碰那儿，但丝毫没有作用。这时候，下面保安一声声的规劝，在塔尖和护墙之间回荡，又从护墙传到屋顶，声音居然丝毫没变小。传达室的警灯熄灭了，可礼拜堂却被团团包围了。

大家把被拆开的闪光灯重新装好后，它终于亮了，这时候，这几个人已经在各自的位置待了半个多小时。正是寒风刺骨的冬天（12月16日），能不能坚持下去，就看所有人的忍耐力了。为了保证攀爬时能够灵活移动，负责攀爬的两人穿得非常薄，还在塔尖上的那个人仅穿了四件衣服。他光脚

攀爬者站在第一个横檐上。

站在石头上,双脚和石头一样冰凉,手指也被冻得麻木了,他把手指塞到腋下想暖和点,却没什么用。另外一个负责攀爬的人的情况也好不到哪里去。因为四肢被冻得麻木不仁,要从塔尖上爬下来已经变得十分困难。

既然知道已经被包围,大家索性在屋顶上讨论起了如何脱身。在这四个人中,有两人是国王学院的在读本科生,这就很难办了。不管怎么样,这两人必须得逃走,否则会被认出来。

脚手架在西南角。大家突然生出一丝微薄的希望,保安很可能会把注意力集中在脚手架上,而注意不到礼拜堂东北角有一个外墙凹槽。负责攀爬的两个人提出先用绳子把另外两人放下去,然后他们再从那里爬下去。他们二人用一只手电筒往下照,向要被放下去的那两个人解释如何利用外墙凹槽爬下去。正当二人鼓起勇气准备往下爬时,一束手电筒的光从下往上照了过来,有人在下面喊道:"快下来,H. 先生,快下来。"

他们一听,正是那位 1934 年在此犯事的"蝴蝶收藏家"。

于是,其中一位攀爬者热情地回答,他要从脚手架那边爬下去,然后两人简短地讨论了一下当时的情况。大家决定让国王学院的两个学生留在屋顶上,不是国王学院的另外两个人先爬下去。爬下去后,那两人一起前往传达室,等待院长的发落。

院长身上穿着睡衣,头顶方帽,来到传达室,与三位警察、两位保安、两位副院长,以及这两个犯事的学生一起讨论此事该如何处理。负责打闪光灯的那个人为了说明事情原委，便在那个深刻拷问灵魂的时刻，带着浓重的苏格兰口音对着他们开讲起来，尽管他没有意识到自己只在苏格兰待到六岁便离开了。

看着这位苏格兰口音的家伙夸夸其谈，"蝴蝶收藏家"不禁想起自己曾听过的一句话：没有必要与自以为是的人争辩。他感到既可叹又可笑。而这位操着苏格兰口音的家伙，每根手指上都渗出血，他打开手提箱，向大家展示里面的灯泡，跟大家讲解如何操作反光罩，让它亮起来。他还拿出照相机给大家看，跟大家讲什么光圈、聚焦，在黑暗中准确地拍照有多么困难之类的话。他说话的口气，好像在吐露只有朋友之间才能知道的秘密。第二天，经历了前一夜这一事件的一位副院长跟他的同事说："他们非常有礼貌，又做出相当配合的样子，我们还真不好板着脸训他们呢。"

皮古教授对礼拜堂也有他自己的看法。虽然我们不认同他的观点，觉得都是胡扯，但至少国王学院的人还是很看重他的权威，并且他的观点可能还真的吓住了几个企图攀爬礼拜堂的人。皮古教授的观点大致是这样的，正如院长所转述的："皮古教授说，礼拜堂的建筑不牢固，如果去攀爬的话不是很安全。"皮古教授的这句话是一个非常有效的论据。

对于院长的这番发言，昨晚被发现的其中一位攀爬者一边认可皮古教授有一定的权威性，一边又向院长示意，从自己的攀爬经验来看，礼拜堂的建筑未必像皮古教授说的那么不堪，它还是挺牢靠的。对此，院长反驳他，昨晚他从礼拜堂往下爬的时候，就弄松了一块石头，这块石头从上面掉了下来，把站在下面的保安吓了一大跳。

虽然只是一件微不足道的事，但要争论清楚还是很困难。

这位攀爬者没有提到其实当时掉下去的并不是石头，而是他不小心弄掉的一大截避雷针导线。那时候他的手指被冻得麻木，心里不由有些担心，于是就双手交叉，互换握着导线，并顺着它往下爬。麻木的手指使他的动作有点笨拙，也可能正是抓握动作不灵活抓掉了一截导线吧。

校方责令负责打闪光灯的人把所拍的照片销毁。当时他不情愿地答应了，可后来他却对自己当时的不情愿笑了起来。因为他发现，负责拍照的那个人在拍照时弄错了方向，拍到的几张照片都是夜色中黑乎乎的一片。

最后，院长放过了他们，叫他们回贝德福德。所幸当时校方所有人都没想到，这个负责打闪光灯的可能也是个学生。问题解决了，胜利大逃亡。与校方的这次见面交流会，足足花了四十五分钟的时间。他们随后前往彭布罗克街找了一个地方，躺在地板上蒙头睡了几个小时，然后在早上五点零七分出发返回了贝德福德。

早上五点十分，还在屋顶上的那两个国王学院的学生也偷偷溜进了自己的宿舍。他们的逃脱经历也很有趣。

当时，非国王学院的两个同伴替他们顶罪，爬下脚手架往传达室的方向去了，他们觉得那些保安肯定会爬上屋顶做些检查。埃里克便试了试角塔门，发现门没锁。他们走进去后便从里边把门锁了起来，这个做法十分明智。

接着,他又发现上面的铁丝网门没有锁,他们就爬了上去,以免遇到可能沿着旋转楼梯上来的保安。十分钟后他们爬了下去,觉得角塔门肯定被锁上了。不出所料,角塔门真的被锁了。他们从里边打开门,走进礼拜堂,在教士长的座位上坐了半个小时。然后,穿过西北方向的门,离开了礼拜堂。离开时顺手锁上了那扇门。两个人从靠近克莱尔学院的路上偷偷潜行,绕了一大圈,终于回到宿舍。真是幸运,如果没有回到宿舍,他们可能就会碰到正从传达室往回走的两位院长了。

整个逃脱过程没有留下任何痕迹,除了有可能在教士长座位的垫子上留下了一个屁股印。他们一共穿过了三道门,而且顺手都把门锁上了。在逃脱中没有使用什么魔法,他们只是知道如何找到钥匙而已。

而且,之所以说这个逃脱过程很有意思,是因为他们考虑到了各种可能的困难。埃里克最后在日志中记录了这件事,他写道:"实际上,我都开始怀疑我们是不是真的去过那里!稍微有一点……我们早上六点钟才爬到床上。从何时开始,我们有了这样的嗜好呢?居然喜欢听院长们对着那些仰慕他们的听众夸夸其谈,说我们学院在防止攀爬礼拜堂方面的工作多么有效!"

埃里克性格安静独立,就像"蝴蝶收藏家"自认为是院长最讨厌的学生,埃里克很长时间以来都深得院长的宠爱。如果没有坏孩子带坏他,埃里克就拥有近乎完美的品性。跟我们搭伙之后,他也时常干坏事了,他那从品性完美到做坏事的无缝转换,简直就像他把自己做事极有效率的优点传给我们一样迅速。我们为他感到骄傲,而且我们从身边那些没有攀爬经验的熟人中选中他加入了我们的团队,也仅仅是因为他的性格。经过几次攀爬,证明他很优秀。本书中那些绝好的照片都是他拍的,而且他在其他方面也同样优秀。他性格安静,朋友不多,不熟悉他的人还以为他要去做修道士呢。按照他的性格,他会成为一名优秀的牧师,尽管他的确也饱受"盗窃狂"之苦。他从来不说极端的话,可在做事的时候却很极端。

第二次攀爬之所以也值得在这里讲一讲,是因为那是在白天完成的。由于晚上在屋顶上打闪光灯拍外墙凹槽总不成功,我们感觉在黑暗中一边身靠横档,一边还要瞄准相机实在不是一件容易的事。所以也只能选择在白天完成了。

两个攀爬者是某一天在一起吃午饭时想到了这个主意。礼拜堂北边平时有不少工人在干活,要是白天行动的话,必须挑在午餐时间。

那天他们在下午一点半之后才动身。一位来自三一学院的学生从理事那里拿到了角楼的钥匙。因为是他拿的钥匙,万一惹了什么麻烦的话,他倒是可以置身事外。把钥匙拿来以后,其他两个人就开始行动了。这一次,这位三一学院的学生比平时动作要慢,却第一个爬上了屋顶。在屋顶上,三个人聊了几分钟,他又爬到了东北角塔尖的护墙上。那里毫无遮拦,他最终因为害怕而放弃了想要登顶的想法。因为那时他在上面看到街上有一些人,学院里也有好几个人。特别是他看到了学院院长壮实的身躯正在学院四处走动，只要一抬头就能看到他。此人就是最近攀爬被抓后专心收集蝴蝶的那位，有过被抓的经历，不愿继续往顶上爬倒也情有可原。

从护墙上爬下来之后，他在屋顶上跟另外两个人聊了两三分钟，又爬回了地面。下去之后他看了看手表，一共花了二十七分钟。除了最后到顶的30英尺以外，他几乎爬完了全程，而且爬得很轻松，由此看来，爬完全程估计要半个小时。他自己认为可以在二十分钟内爬完，但我们认为有点可疑。爬外墙凹槽共花了十分钟，六分钟爬上去，四分钟爬下来。离开礼拜堂后还没半小时，他们三人又爬到了三一学院的屋顶上，在上一章节里我们提到过这次攀爬，他们被人发现后逃掉了，整个过程挺有意思的。

最近一次从礼拜堂回来，也就是本书写作之际，我们得知校方准备出台一些令人讨厌的措施，目的是给攀爬礼拜堂的人制造更多的障碍。为了阻止攀爬者，校方会采取哪些手段呢？会给礼拜堂四个角落的外墙凹槽都装上旋转式的防爬刺钉吗？一拨一拨来到这里的攀爬者有的是耐心，他们会用锉刀来对付这些东西的。校方会把粘鸟胶涂满整个横檐，以粘住攀爬者的手，把他们吊在空中吗？攀爬者可以踩着高跷走过横檐，或者直接乘降落伞跳到塔尖上。校方会在避雷针上安装防盗警报吗？攀爬者会在夜间爬上去，恶作剧地把铃弄响，故意吵醒那些夜班保安的。

我们曾听说过一个令人迷惑的观点，说夜攀者之所以喜欢夜间攀爬，是因为他们可以从高空工作工人协会拿到补贴。这个观点和报道马克·吐温去世的新闻一样夸张，但对于那些满脑子金钱的人来讲，还是很有吸引力的。

攀爬礼拜堂的传统仍在继续，并成就了每一位攀爬者各自不同的人生，有的成了极地探险家，有的成了大学教师，有的则在收集蝴蝶。我们知道的攀爬过礼拜堂的那些人，后来有三位成了极地探险家，有七位当了大学教师或校长，还有至少两位去收集蝴蝶了。过去的经历时常会萦绕在记忆中，过去的事情就像遥远的山峰，有时候一道阳光穿过云层，就能照亮它的模样，而后，再次消失。只不过奇怪的是，平淡无奇的生活，渐渐就会遮掩了过去激动人心的往事。

但那些攀爬礼拜堂的经历，永远不会变得平淡无奇。只要你曾见过落日或月光中礼拜堂的模样，只要你曾见过屋顶瓦片在雨中闪烁的亮光，只要你曾站在塔顶上俯视过这个世界，你就会永远记得它的诗意韵味，永远也不会忘记。人每一年都会变化，这变化穿梭在他的一生之中。即使剑桥的其他建筑最终将成为一片废墟，礼拜堂仍会屹立不倒，因为它不愿向时间屈服，而只愿臣服于勇敢的攀爬者脚下。

第十四章

再探国王学院礼拜堂

"跟我来,勒格比。"①

——《温莎的风流娘儿们》

现在,让我们详细讲讲如何攀爬国王学院礼拜堂。整个过程分为两部分:从地面爬到屋顶,再从屋顶爬到塔尖。每一部分都有难度。从地面到屋顶,如果不借助避雷针,就会非常难爬,属于攀爬高手才能应对自如的范畴。不过,要爬上去仍然是可以的。

如果你不是国王学院的学生,那么你要做的第一件事,就是从外面爬进国王学院。这件事不难办到。本书已介绍九种不同的方法,教大家如何进入国王学院,还不包括最简单的从银街撑船进入。其中,约有六种方法都很简单。攀爬高

---

① 本书写作之时,最后攀爬过礼拜堂的那三人都已成了莎士比亚笔下年老的勒格比。

手如果闲得无聊，愿意发掘进入国王学院的其他方法，加起来可能就会有四五十种。

不过，我们可不建议读者沿着哪个喝醉的国王学院学生发掘的路线走，他可能会穿着晚礼服，像爬煤洞一样把身上弄得脏兮兮。等到第二天，宿管会跟他说："瞧你干的好事。"

仰拍外墙凹槽。

国王学院夜里没有保安巡逻，因为校方出于尊重，把你们这些丑陋的不速之客当作成年人来对待。但我们呢，我们可不是成年人，当国王学院的学生正在熬夜学习的时候，我们就在他们的学院里玩一些午夜游戏。就让我们做我们的事，他们做他们的事吧。时间已是夜里一点多了，校园里还有许多灯亮着，还有那么多的学生在捧着脑袋刻苦读书。国王学院的学生很努力，院里对他们的信任也比其他学院强。认真地讲，这所学院和其他学院相比，师生之间的友情更深厚，也更能互相理解对方。

现在大家听好了。我们已经到了学院里面，沿着碎石小路旁的青草地一路前行，去往礼拜堂。如果被路人发现，那就用长袍遮住下巴，低声念出一些拉丁语词汇，装得可怕一点，诡秘一点，粗野一点，或者随便你想要装扮成什么样子。这样一来，就不会引起路人的注意了。

走近礼拜堂的时候，也许你还会想起《三一学院攀爬指南》中引用的那句布朗宁的诗句：

虽然你身后有门，身前有窗，
可你还是走向墙那里。

高高的墙体在你的面前耸立，黑黢黢的很吓人，你会感觉自己仿佛走进了四面围墙的监狱，只有上方无边无际的黑暗笼罩着你。

没错，我们已经顺利抵达礼拜堂了。如果是在午夜之

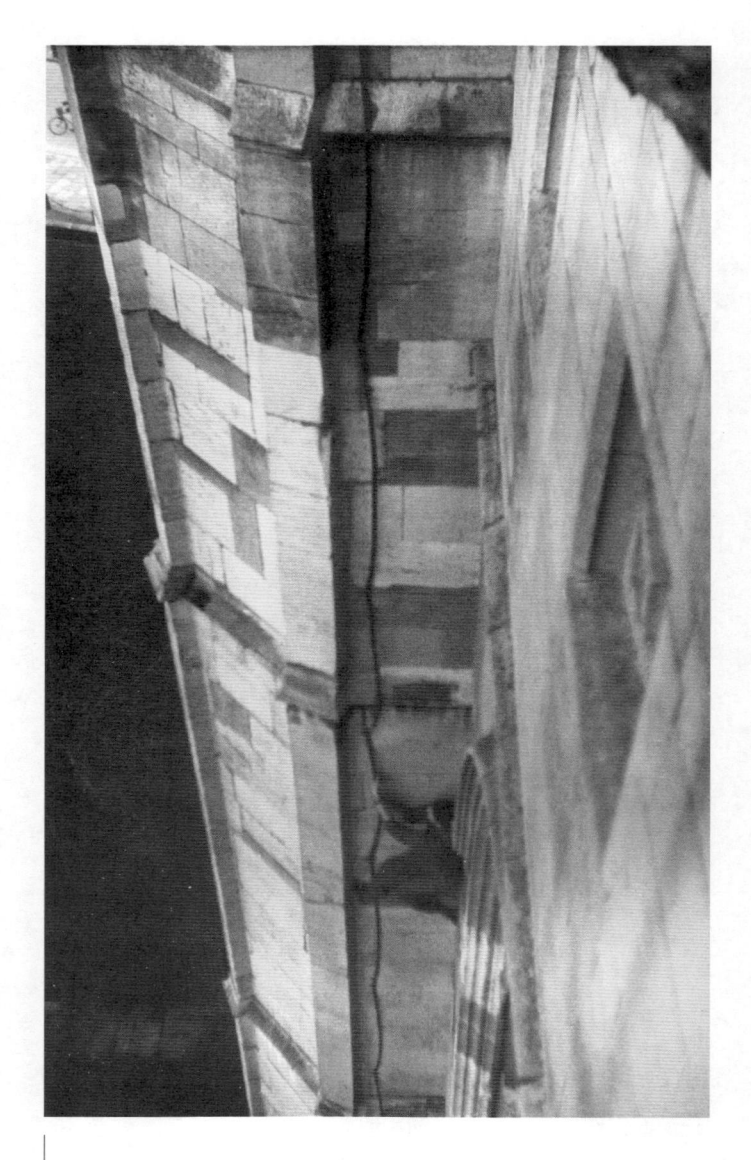

攀爬者已爬完三分之二的路程。

前，我们得警惕大门对面发亮的灯柱，小心点，不要弄出什么动静。如果是在午夜之后，周围一片沉寂，那就好些了。也许会遇到睡前出来透口气的老师或学生，但也不要紧。

礼拜堂四个角塔上都有外墙凹槽，其中有一个最好攀爬，也最隐蔽。这个外墙凹槽就在东北边的角塔处，顺着北墙走到尽头就到了，它和对面角塔上的外墙凹槽明显不一样。不要忘记这是在学院里，做事要小心，栅栏上几英尺远的地方可就是防爬刺钉。在这里，除了在克莱尔学院窗户那里可以瞧见你以外，就没有人能看到你了，只有月亮在看着你，星星也对你眨巴眨巴眼睛。正对面就是老图书馆，到了夜间一个人也没有。四周地面上长着几丛灌木，还有一间瓦楞铁顶的小屋。小屋顶上有一根铁头箭，不知道是从多高的空中落下来的，当时着实吓了这四位攀爬者一大跳。

就是这里，深呼一口气，开始工作。

如果携带的设备太重，不便攀爬，最好让其中一人带一卷绳子先爬上去。然后，在上面放下绳子，把设备吊上去，再让第二个人爬上去。或者，如果地面上能有人搭把手，也可以两人同时攀爬。

超过两个人同时攀爬礼拜堂，不是明智之举。因为爬在最上面的那个人会发现，下面的两人同时抓住避雷针导线，其重量会拉得导线贴墙太近，导致最上面的人连手都插不进去。即使只有两个人同时攀爬，这样的情况也很有可能发生。还是一个一个单独上去比较安全。

就快爬到顶了。

走近墙角,你会发现砖石是横砌的,这使得第一个4英尺的距离非常好爬。墙上的避雷针导线被一个个的夹子固定住,仿佛一连串拉长了的字母D(如下图中所示)。导线(矩形截面)才1英寸宽,约1/5英寸厚。手抓在上面,手掌会有点疼。

在这里,外墙凹槽的宽度几乎还没有成人大腿那么长。如果不借助避雷针导线,恐怕只有手指强壮的人才能爬得动。如果个子太高,几乎只能完全依靠胳膊的力量把自己往上拽了。在礼拜堂的整个攀爬过程中,这一截高度大约15~20英尺,对臂力要求最高,刚开始爬时就会感觉手臂很吃力。

不过,用不了多久,你就会来到一个有坡度的宽横档,可以坐在上面休息个够。接着,就正式开始攀爬这个外墙凹槽了。

正如照片所示,这里凹槽的宽度很适合攀爬。途中没什么阻碍,所以攀爬速度可以很快,那根导线还能防止攀爬者向旁边滑出去。不过这根导线的作用仅仅是让你保持身体平衡,因为仅靠双腿就能轻松攀爬。脚掌抵着的石墙边缘大约有4英寸宽,侧墙与主墙之间呈直角,所以攀登者在凹槽里面时身体的角度稍微有点歪斜。像这样攀爬大约60英尺后,在最后10英尺处,外墙凹槽的内里宽度变宽了几英寸。

这个外墙凹槽很高,从地面到屋顶共有90英尺,看上去很吓人。它很笔直,从上到下没有什么障碍物,这不禁让人遐想,如果没有这根避雷针导线,是不是也可以爬上去。我们前面曾经说起过的那位大学老师,他应该没有借助避雷针导线就爬了上去。不过,有根导线在手边,心里会有种极大的安慰。有一位三一学院的老师告诉我们,他曾经没有借助导线爬完了一半的路程,但接下来的路程,就必须用一只手抓着导线了。我们把攀爬这处外墙凹槽的难度定为"困难"级别,更多的是指其外形给人以心理压力,而不是指有什么技术难度。只要你曾经攀爬过它,都会想去再爬一次,无论下雨还是晴天,无论精力是否充沛,无论有没有喝酒,这都不重要。对一位攀爬者来说,是否经历过真正有难度的考验,不管经历的次数是多还是少,对建立其名望都是很重要的一件事。

还有20英尺就到第一个横档了,这段距离简直无法攀爬。不过,我们可以把学院里到处都有的软梯拿来一用。在上一章的内容里,我们提到过皮古教授,他曾说过的一句话也经常有人引用:"有了这根导线,傻瓜都能爬上屋顶;没有这根导线,只有傻瓜才会去爬屋顶。"他的这个观点,我们很赞同。但是,所有曾经爬上这处外墙凹槽,以及我们与之有过交谈的攀爬者,都认为即使不借助这根导线也可以爬上去。

这样的可能性确实存在,但要求你的注意力必须高度集中。在这个外墙凹槽里攀爬,你的身体总向左滑,这会让你感觉很不舒服,不好把握身体平衡,而且要命的是,你越往左滑,就越难把身体挪回来。如果没有这根导线,你就必须把攀爬速度放得非常慢,精确到每一秒,确保完全掌控自己的身体平衡和意志力。在学院拆除导线的两年时间里,没有人来攀爬这处外墙凹槽,但这也可能是因为绝大多数学生并不知道不借助导线也可以攀爬。假设现在校方再次拆除这根

国王学院礼拜堂，东北角的塔尖。攀爬者正在爬第一个屋檐。请注意，他是光着脚的。他的背上很脏，那是从地面沿着外墙凹槽爬上来时在墙体上蹭的。

导线，我们可以十分自信地说，肯定会有人前来通过此处攀爬礼拜堂的。

不过，在爬上去以后，还必须爬下来。如果没有绳子或导线的帮忙，这件事可能还真的非常难办，从外墙凹槽爬下来要比爬上去难得多。即便不出差错，也要承担很大的风险，任谁都不该做这样的尝试。如果没有这根导线，可能也存在无风险的攀爬方法，不过，不借助导线往下爬可不行。可行的方法就是使用绳索。

说到绳索，这让我们想起了 1934 年攀爬被抓的那位"蝴蝶收藏家"。这根绳索，必须先从外墙凹槽上直接放下来。而且，我们可不想再白送校方一根绳子被当作礼拜堂的敲钟索了。所以，要弄两根 200 英尺长的绳，打个结绑在一起。

把这根绑在一起的绳子穿过外墙凹槽上方的护墙，再从外墙凹槽里放下来；把绳子另一端绕过角塔，交给国王街旁边草地上的同伴。绳子与墙体之间的摩擦力很大，所以他能不费力地用一只手抓着就行了，其他人便可以抓着绳子安全地爬下去了。

像这种不借助导线的攀爬方式，打头阵爬上去放绳子的人必须身材高大，因为要爬上屋顶那最后 10 英尺的距离，腿短的攀登者可能搞不定。不过，在我们写作此书之际，校方已将导线又装了回去，这样一来我们的攀爬就简单多了。

关于这处外墙凹槽，我们讲解得已经很充分了。

现在我们来到屋顶，从那里看过去，那几座角楼似乎不是那么难爬了。

礼拜堂的塔尖。

A: 第一个横檐，上下方都有苜蓿叶型图案。

B: 第二个横檐，上方有护墙。

C: 棋盘格，这里的石块很不牢固，容易松动。

爬完这三个地方，就到顶了。

爬上屋顶的石栏杆后，就可以踏上角塔上有几英尺高的倾斜石板条了。这时候，面前就是角楼上的透气孔，透气孔的形状是苜蓿叶图案。这些透气孔的深度和宽度大约有 15 英寸，一个叠一个，上下形成一列。这是一座八角楼，每一面的两个边上都有一根装饰柱。之所以会这样称呼，是因为它们不承重，其实这些柱体表面都非常光滑，上面并未点缀华丽的花卉图案。

这些柱子之间的距离，大约在 4 英尺至 4 英尺 6 英寸。攀爬者可能会想到把两根柱子当作外墙凹槽来攀爬，但实际上根本不可能。

苜蓿叶图案的透气孔倒是可以当作攀爬的台阶。透气孔后面装有铁丝网，用来防止鸽子飞进塔里，不过，如果你很小心的话，可以把手指从网眼里穿过去。再往上爬几英尺，就到第一个横檐了。

角塔上的柱子是从塔体凸出来的。这里所谓的横檐，呈 V 字形伸出，伸出部分与柱子齐平，向后倾斜的悬挑，5 英尺长，没有手扶的地方。这个 V 字形悬挑的顶端现在是平的，大约有 9 英寸长，但当时它是圆的，所以对我们的攀爬没什么用处，只能用手往下按，当作一个着力点。先别管这个，除非你能把膝盖或脚放在上面，才能起到一点作用。

现在，你的头顶上方就是横檐，伸出你的左手，抓住一个透气孔，伸出你的右臂，紧紧抱住石柱。因为石柱是方形的，伸手抱住石柱，你的手会落在石柱的另一边，利用手指与柱体的摩擦力，以防滑落。

蜷起一只脚，做出攀爬外墙凹槽那样的姿势。你会发现这些柱子的内侧十分平整，正对着透气孔。现在，你可以把柱子内侧和透气孔当作外墙凹槽，扭动着身体往上爬了。

透气孔上方有一个装饰性的小洞，不能用作扶手，但非常适合作为落脚点。把一只脚伸进去踩在小洞里，就能站到最后一个用作扶手的地方了。

现在，横檐的中间部分应该正与你的腰部齐平。将身体前倾，右臂仍抱住石柱，你会碰到横檐上方的透气孔。即便再匆忙，也要小心别把小拇指卡在铁丝网与石头中间的缝隙里，也不要只抓着铁丝网。要将手指穿过铁丝网，放到石头上面，这样一来，你就不用依靠铁丝网了。现在，把一个膝盖伸出，放到横檐平台上，爬上去。第一个难关就算通过了。

接下来是一排透气孔，高 10 英尺，爬上去后，就到了第二个横檐。

如果你是一个一丝不苟的人，你会发现虽然攀爬方法没什么两样，但攀爬这一段路程比刚刚的第一段难度更大。不过，大多数攀爬者可能都会选择有排水管的那一面进行攀爬。

这根排水管在攀爬角楼的时候毫无用处，只在从屋顶往塔尖上爬的时候有用。其顶端到护墙只有 3 英尺的距离，横檐正好位于它的中间位置，这给我们带来了不少方便。排水管顶端是一个开口的雨水斗，用夹子将其牢牢地固定在塔体上。不用借助外墙凹槽爬过去，伸手就能抓到这个雨水斗，因为它就在你身后大约 1 英尺至 18 英寸的位置。

大胆地将身体向外倾，用双手抓住雨水斗。这样一来，你就可以用脚踩着透气孔向上走，一直走到最上面的那个透气孔了。当你的头部与雨水斗齐平的时候，你就能抓到护墙了。将雨水斗当作立足点，只要一会儿工夫你就能爬上去。接着你会看到，护墙的石砌结构十分牢固。

现在，你已经到达护墙，在屋顶上方 40 英尺的地方了。

你可以一个人先在这里待一会儿，让我们爬回屋顶，跟读者说点事。

在上一章节，我们说过攀爬横檐有两种方法可供选择（或者还可借助攀爬排水管，这是第三种）。第二种方法更加直接，也更加容易，但需要冷静沉着。

让我们爬到角塔上的石板条，这里距离屋顶有 10 英尺高。身体站直，用一只手臂搂住柱子，另一只手扶在柱子靠近你这一侧的边缘上。因为柱子内侧的两条边缘朝内，它们与你手掌之间的摩擦力足以防止你向外滑落。现在，让我们小心地将身体绕过柱体，然后向上向前移动，一直移到透气孔这里。再绕过下一个柱子，如此反复，直至移到避雷针导线的位置。而后，借助这根导线，轻而易举地爬上横檐，再爬上护墙，我们就顺利会合了。

因此，下一次攀爬，你可以自己选择要用哪种方法。如果选择借助导线，那你就要体验一种最令你惊心动魄的横爬经历了。每绕过一根柱子，除了手和脚，你的整个身体都在黑暗中悬空着。脚下的石板与地面约呈 35 度，向下、向外倾斜，你的手指和肘部需尽量保持与垂直柱体的摩擦，而你离地面足有 100 英尺的距离。如果不小心手脚打滑，三秒钟后就没命了。

不过，假如在过去的12个小时里没有下雨，这个惊心动魄的横爬过程也没那么困难。

当你登上护墙，可能会惊到一群鸽子乱飞，因为护墙里原本就栖息着不少鸽子。你甚至可能像之前一样，爬过去后直接一脚踩过去，也许就踩到鸽子身上了。鸽子把你吓了一跳，你也把鸽子吓了一跳。但没关系，不要后退，像维多利亚女王那样举起你胜利的双手吧。你大可放心，鸽子挥动翅膀的动静虽然很大，但不会惊动到地面上的人。

越往上，角塔的直径就越小。上面塔体上的透气孔更多，大约有8英尺高。不过，这里的透气孔里没有铁丝网，你可以直接把手伸进去，抓牢它。

在透气孔的顶端，你将遇到最后的难题，到那时，细心远比攀爬技巧实用得多。

爬到透气孔的顶端后，上方2英尺处是一个4英寸宽的横档。攀爬条件很不理想，没有可以用手抓的地方，同时你还必须注意不要往外跌落。

然而，向下看你会发现，角柱从护墙处向上直伸大约5英尺，越往上越小，到了顶端就只有拳头一般大了。你可以单脚站在上面，让它承受你大部分体重，减轻你向外的下坠感。在一片黑暗之中，突然出现了这样一个小小的落脚点，真是令人惊异。它给了你一种奇妙感，就好像一只蚂蚁站在针尖上找寻平衡一样。这根角柱的顶端十分牢靠，因为它已被铁棍绑在了角塔的塔体上。

现在，要考虑下一步怎么走。在左边一臂距离之处，有一个起装饰作用的像棋盘一样的格子。格子的大小和形状类似于一个方形的电灯泡。这个棋盘格绝对不可以被当作支撑点。你可以把它用来当扶手，那样可能比较安全。但这些有如方形灯泡的东西都比较小，一旦从你手中断裂脱落，你将无法保持身体平衡。

最后 30 英尺。

通 告

兹有两名学生因擅自攀爬国王学院礼拜堂，现已由其学院勒令退学。

G.H.A. 威尔逊

副校长办公室

1937 年 6 月 10 日

右手边同一高度的地方有一只怪兽滴水嘴[1]，水平方向伸出大约 15 ~ 18 英寸。在攀爬的过程中你肯定会用到它，它会暂时承受你相当的重量。如果你看过前面的章节，就会记得从怪兽滴水嘴上脱落的石头碎片的故事。把手放在上面，顿时感到忧心忡忡。

这东西比男子的大腿还要壮实一些，用手是抓不住的。安全起见，按压它的时候，方向不要歪斜，而要用手朝正下方按住。这样一来，其石头表层才不会脱落，你放在上面的手才不会打滑。用双手环抱这个怪兽滴水嘴，十指紧扣，这个做法也很安全方便。而后，你就能爬到最高处的透气孔，并且能够得着左边的怪兽滴水嘴了。

---

[1] 我们之所以把这些东西称为怪兽滴水嘴，是因为它们外形很像怪兽。另外，严格来说，它们其实并不是滴水嘴，只不过是一些普通石块。

接下来的攀爬过程就很简单了。现在你在塔尖上的位置就相当于一个瓶子瓶颈的位置，其攀爬面与水平面足有 70～75 度。不过，经过这么长时间不停息的垂直攀爬，在瓶颈这个地方攀爬，简直就像是趴在平地上爬。这里有好多怪兽滴水嘴，数量如同古老的紫树树枝那么多。几分钟后，我们就爬到塔尖了。距离塔尖顶端 4 英尺处，有三个怪兽滴水嘴，抬脚站在其中的两个上面，用手抓紧它，此时滴水嘴的顶部正与你的胸部齐平。这里也有避雷针导线，是从下方直通上来的，往上竖起大约 3 英尺高。但和安装在外墙凹槽里的导线不同，这里的导线不易弯曲，只有手指一般粗。塔尖上有三根尖刺围成的小圈，如果你想站在上面也可以，但我们不建议你这么做，因为在如此高的地方，指不定什么时候从哪个方向刮来一阵狂风就会把你吹倒，即便是静谧的夜晚，那里也可能有风。

站在塔尖上是什么样的感觉呢？征服感？敬畏感？优越感？恐惧感？还是担忧如何爬下去的焦虑感呢？

也许，你首先会产生一种失望感。为之奋斗了几周甚至是几个月的目标，就这样被完成了，你不得不去寻找下一个目标。你一直梦想着这个目标，沉浸于达成目标的荣光之中，经过艰苦而兴奋的努力，在最后那平淡无奇的几分钟，你终于获得了这令人痛苦的成功。现在，你已站到原本以为是巨大成就的顶峰了。其他攀爬者可能会认为，在你获得成功的背后，还有其他不知名的攀爬前辈的贡献，但只有你了解自己做出多少努力才站到了那里。站在那里，你会感觉自己就像一个篡位者,一个偷窃了别人荣耀的小偷,偷窃了真正的勇士所不屑于获得的东西。那里的高度已不能激励你,你会感觉自己就像一个无足轻重的人,正站在一个无意义的墓碑上。

不过,再过一会儿,你就会感到欣喜了。因为当一切结束,即便回去之后面对宿管的盘问,你也会十分享受,用一脸的无知与憨笑去面对她的种种质询。你的心里将涌现出巨大的满足感,感到生活是那么愉悦,这是你从未有过的体验。这种喜悦之情可以持续三天左右,其间你还会感到来自小伙伴的嫉妒。

第十五章

该说再见了

"哦,诺科米斯,我要走了,

我要踏上遥远的征途。

我要把客人丢给你了,

让你照看,让你收留。

不让伤害靠近他们,

不让恐惧骚扰他们,

没有危险,没有疑虑,

不缺食物,不缺住处,

就让他们留在海华沙!"

——《海华沙之歌》

现在剩下的事情,就是说再见了。要让我们的身影,尽可能优雅地消失在深爱的夜幕之中了。崇高与滑稽,在时空中往往只有一线之隔,如今我们已站在那根线上。我们再也不用攀爬排水管与外墙凹槽了。还没成年的青春岁月,正如记忆中的幼儿园时期一样,也会在我们的记忆中逐渐淡去,我们该说再见了。

法国人有一句话:初恋才是唯一的真爱。这句话说的是初恋的人,但它也许更适用于初恋的某个地方吧。我们每个人心中都留恋着一个地方,爱它胜过别处。这个地方也许是他的母校,也许是他的出生之地,也许是他现在的家,也许是他花了一个假期和某人待过的地方。他也许给不出偏爱这个地方的理由,但是它就在那里,时间冲淡了其他回忆,可它依然如新。穿越那波涛汹涌的时代浪潮,某些特定的回忆总也冲刷不掉,潮来潮去,它依然停留在原地。有一些事情我们可以诉之于人,有一些事情我们将它深藏心底,但无论如何,这些事情我们始终都会记得。它们是我们生命之旅中看不见的里程碑。它们总是隐藏着,连我们自己都不曾注意,直到某个时刻,一道光照亮了它们,仿佛阳光照在了海岛上,让我们瞧见了,感觉既遥远又清晰。又或许,我们心里藏着一个只有我们自己知道而不为他人所知的角落。

不管它是什么,我们每个人心里都有值得回忆的东西。想想看,我们会意识到爱是有感染力的,爱可以自发地传播。我们可能因为爱过一个人而爱上一座城市,或者因为同在所爱的城市而爱上一个人。简单的事情可能会引发不可预知的结果,事情和结果之间往往会有一种奇怪的联系。简简单单的爱,如果足够炽热,也可能会模糊爱的焦点,而这份爱会持续下去,直到我们热烈地爱上周围的一切。

剑桥这个地方,就是我们心中的挚爱。成千上万的年轻学子都处在多愁善感的年纪，每一年里，他们都要经历那些相同的人生体验。但每个人有每个人的性格，会有自己接受这些事情的方式。他们对剑桥的回忆，可能是三五老友相聚，可能是周周月月的苦读而换来的漂亮成绩单，可能是足球场上的狂欢，可能是咖啡馆里的清晨咖啡，可能是狂饮啤酒的夜间聚会，还可能是欢闹的二十一岁生日派对。不过，我们对剑桥的回忆不是这样的。在我们的记忆中，剑桥有无数根排水管，还有很多的外墙凹槽和塔尖，那是一个让我们冒险的地方。我们会想起那些和朋友共同度过的夜晚，在那些夜里，我们共同融入夜色之中，用双眼去观察这个不属于我们的世界。

现在，这一切都过去了。当夜色降临，我们会坐到壁炉旁的扶椅上，穿着舒适的拖鞋，手中捧着一本书。等到需要出门的时候，我们会穿上马球衫，穿上黑色运动鞋，一边打着哈欠，一边想着回去继续睡觉。在夜里读书的时候，我们再也不想多熬一个小时把下一个章节读完。其实，这个世界有很多新东西等待我们去征服，我们必须时刻准备着。

未来在向我们微笑，在向我们发出邀请，它在等待着我们，我们应该去赢得它的关爱。未来不会容忍不热心生活的人，它要求我们投入全部的身心，因此，我们对过去的回忆也就越来越少了。我们几乎已经不会再回头去经历过去的事情了。既然已经到了告别的时刻，从昨天迈步走入明天，我们将放下这本书，来回答以前从未问过自己的几个问题。

首先，我们为何开始夜间攀爬？是不可抑制的冒险本能，我们把自己的生命当作骰子,来获得与命运赌博的乐趣吗?是为了效法比我们厉害的人,他们做什么我们就跟着做什么,从而以为自己就赶上他们了吗?是因为那种刺激的恐惧感吸引了我们?还是纯粹因为身上的动物本能在寻找释放的出口?

正确答案显然不是最后一个。前面的答案可能都有可取之处,因为人类的动机比最奇怪的化合物还要复杂。开始夜间攀爬的最主要原因,可能是想要提高自己的自律能力,但很快就变成很享受这种刺激了。机遇也是一方面原因。

多年前的一个秋天,我们在剑桥校园里缓步而行,因碌碌无为而感到绝望。那时候,我们对任何事情都不感兴趣。即使是简单的事情,我们都感觉很困难,即使是最为简单的任务,我们都难以完成。那时候,我们刚刚逃了导师的课,因为觉得穿过整个校园去上课实在是太麻烦了。我们的生活已经到了混吃等死的地步。我们对生活已经完全失去了兴趣,迫切需要一个巨大的改变。

我们鼓起最后一丝心灵的能量,发誓要完成我们所能想到的最困难的事情。我们再也不想对一大堆无聊的生活琐事垂头丧气了,我们想要重新投入生活,但不是以灰溜溜悄无声息的方式,而是想通过做成一件大事,作为重新生活的开场白。这个想法,已是我们心里唯一的希望。心里时常想着这件事,就感觉生活会更容易一些。锻炼出自律的性格,做事情也更容易成功。但是,我们该做点什么才能达到这个目的呢?那是我们人生中最为灰暗的一段时期。

而就在那一刻,我们抬起头,看见国王学院礼拜堂的塔尖。这不正是我们想要的答案吗？虽然那时候我们知道攀爬礼拜堂很有意思，但我们一直都很恐高。无论在心理还是生理上，都没有达到攀爬的水平，有的只是一个强烈的愿望，那就是再也不想无所事事混日子了。如果我们能做到这一点，应该就能克服恐高。就这样，我们开始了夜攀生涯。

许多攀爬者可能都是出于同样的原因开始攀爬的吧。想要战胜自己的性格缺陷，这是一个最简单的方法。没有开始攀爬的时候，心中可能会充满恐惧；但真正开始攀爬，就会看到自己在慢慢克服恐惧。爬到一定高度，视野也会随之扩大，能看到周围的世界，更看清了自己。想象力也得到了发挥。攀爬者会发现，自己成了整个攀爬团队中不可或缺的一员。对于热爱这项运动的人来说，这种刺激只会对他有好处，没什么坏处。

问题是，假如我们在攀爬时经常会感到恐惧，为什么还是喜欢它呢？这个问题真的难以回答。部分原因是出于成就感，部分原因是出于冒巨大风险的刺激感，虽然我们潜意识里也知道危险非常小。攀爬者会在心里一直跟自己说："如果发生这样或那样的事情，我就会滚下去。"然而，他知道这种情况其实不会发生的。扶手可能偶尔会折断，但攀爬时主要的支撑物绝不会断。心中臆想的危险，往往比实际的危险大得多。

在攀爬中感受到的刺激快感，很可能就是源于这种危机感。比较原始的恐惧感，就是对自己的一种保护。有危险迫近的时候，心智就会变得敏锐起来。人类祖先日常生活积累并传承下来的这种本能，又在攀爬者身上被激活了。当我们似乎要失去某样东西的时候，才会感觉它如此珍贵。

对攀爬者而言，自己就好像站在深渊的边缘。失足跌落或落脚处碎裂坍塌的可能性微乎其微，但攀爬在建筑物的边缘，又不得不令他产生这样的想法。他不禁想到，如果他走上前去会发生什么。等他意识到发生这件事的可能性多么小时，他又被震惊了。太阳仍会照耀大地，瀑布仍会轰鸣咆哮。攀爬者会突然意识到，也许是他人生中第一次有这样的感觉：阳光是多么友好，绿树青草是多么鲜活。

有一种恐惧，近乎变成了爱，那就是攀爬者所享有的恐惧。用一个自相矛盾的名词来说，这就是一种勇敢的恐惧——它大声宣告了自身的存在，但对于想要克服恐惧的攀爬者来说，它又不是令其无法逾越的障碍。攀爬者享受这种恐惧，因为他知道自己可以克服它。

最后，我们可能会问自己，攀爬为攀爬者带来的积极影响能长久保持吗？从我们早熟的性格来看，我们认为这种影响是持久的。

经过一次艰难的攀爬，攀爬者脸上的兴奋之色往往只能持续两三天，但等这种兴奋逐渐消失以后，心里还是会有余味的。因为在攀爬中要大量并经常发挥自己的想象力，其想象力也得到了恒久的锻炼。性格也不再像以往那么随意，而是变得有计划性。不再老想着自己会去做什么，而是更多地思考能不能做，可不可以做好。每完成一个目标，就会使下一个目标更容易实现。

闪光灯、灯泡、背包、照相机、绳索,以及负责携带这些攀爬工具的几位攀爬者。

现在,我们坐在壁炉旁的扶椅里,一边微笑,一边回想着我们在剑桥的往事。真的很开心。在过去的几个星期里,我们感觉和大学时光一样美好,走出家门的感觉如此简单,而在此前,我们出门的次数实在太少了。我们一起拍照,一起攀爬,一起兴奋欢呼,一起在夜晚驱车 50 多英里来到剑桥,夜复一夜。黎明前我们驱车返回,树篱从我们眼前掠过,车轮滚过每一个街角,一切尽在掌握之中。月光如水,这个世界在夜色中沉睡。我们回忆攀爬技术不好的同伴,在容易爬的地方努力向上爬;我们回忆攀爬技术好的同伴,在难爬的地方赢得我们的敬佩。我们这些在那些年一同战斗过的战友，相互知之甚深。是的，真的很开心。

偶尔，我们暂时放下书本，往壁炉里添把柴火，心里却有一种隐约的不安。现在的日子似乎太舒服了。户外夜色如漆，它似乎在不可思议地让我们行动起来。天上月亮也笑了，仿佛想要告诉我们，她看到的世界其实很大。我们坐在椅子上，只是挪了挪身子。对于它们的呼唤，是想要行动的力量，还是不想行动的无力呢？剑桥就在那里，一个多小时的车程，剑桥的屋顶正在呼唤着我们。

我们不想行动时，风更加卖力地吹动窗户，仿佛在嘲笑我们的犹豫："你们这些懒人，生命在于行动，整天坐在炉边，就是停止生命。把你以前常穿的马球衫拿出来再穿上出门吧。黑夜和风一直是你的朋友，不要把我们抛弃。让我们带你去看一些秘密，就像曾经那样，我们再来一场聚会吧。"大风继续摇晃着窗户，引诱我们出去。当我们不想出去时，它又改变了语调，指责我们怯懦，指责我们缺乏生活的激情。它的指责让我们想起了从前自己那种不安的灵魂，它的指责就像是要让我们获得更好的自我。

它用尽了各种方法，终于发挥出效果了。我们开始怀疑自己，产生了种种巨大的恐惧，但又不知道具体是什么。我们看着汽车挡泥板，眼睛睁得又大又圆。这时，老友来到了房间里，我们又像往常一样，相视大笑。其他人无法得知我们内心深处到底在想些什么。

负责拍照的两个人相互道别。

我们走出一个时代，又进入下一个时代。当我们合上此书，合上的是三十年的光阴，岁月一直流逝，直到过去的事情变得比将来还要久远。然而，攀爬事业仍有其他的后继者。就在此刻，也许就有十几名攀爬者在攀爬剑桥的建筑。他们互不相识，也不大可能碰到。他们三三两两，在那里冒险探索，同时也在寻找自我。不经意间，他们也会找到我们曾经找到的东西，那就是对剑桥建筑和攀爬的热爱，以及对夜色和黑暗所带来的刺激感的热爱。到那时，当大风卷起街上的一张纸片，将其吹往屋顶的时候，他们也会由衷地热爱。在那张纸片上，也许还承载了加拿大伐木场里伐木工人的故事，还有阳光和河流的故事。这种爱会变得包容一切，甚至连言语都不足以表达，连理性都不足以理解。

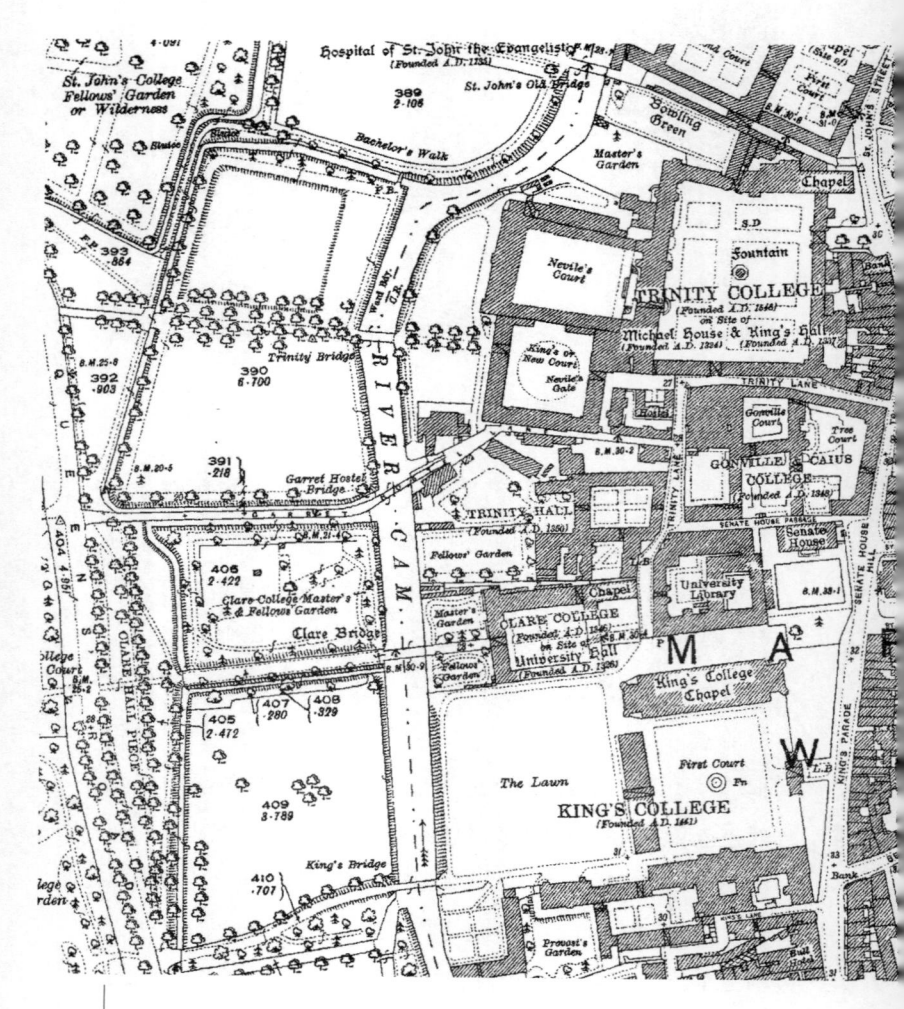

1927 年的剑桥地图。

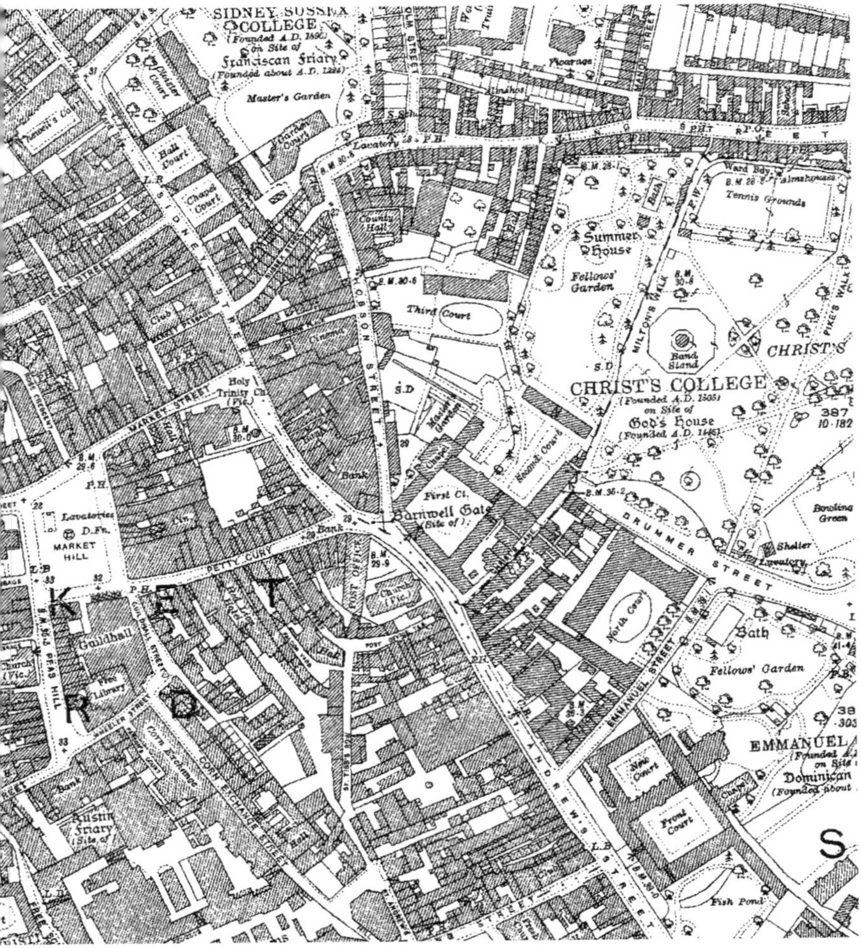
SIDNEY SUSSEX COLLEGE
(Founded A.D. 1596) on Site of Franciscan Friary (Founded about A.D. 1224)
Master's Garden
Cloister Court
Hall Court
Chapel Court
Garden Court
SIDNEY STREET
GREEN STREET
MARKET STREET
Holy Trinity Ch (Vic.)
MARKET HILL
Lavatories
Guildhall
Free Library
PEAS HILL
PETTY CURY
Corn Exchange
CORN EXCHANGE STREET
Austin Friary (Site of)
County Hall
Third Court
HOBSON STREET
First Ct.
Barnwell Gate (Site of)
Post Office
Summer House
Fellows' Garden
MILTON'S WALK
Band Stand
Tennis Grounds
Almshouses
CHRIST'S COLLEGE
(Founded A.D. 1505) on Site of God's House (Founded A.D. 1446)
CHRIST'S
PIKE'S WALK
Bowling Green
Shelter
Lavatory
DRUMMER STREET
North Court
EMMANUEL STREET
Bath
Fellows' Garden
EMMANUEL
Dominican
New Court
Front Court
Chapel
Fish Pond
ST. ANDREW'S STREET
Vicarage
K
E
T
R
D
S

致谢

本书的出版是众人热心合作的结果。在众人的热情面前,我们深知,所有的感谢都微不足道。孩子不能以言语来回报父母的生养之恩,而本书的作者,只能以言辞来向促成本书诞生的诸位聊表感激之情。我们无法遵照某种特定的顺序逐一致谢,因此排名不分先后,但我们要说的是,这里提到的每一位都对本书的出版提供了极大的帮助。他们中有的人就是本书中描述的攀爬者,有的人曾在书稿中出现过,但应其要求我们又将相关章节整篇删去了。我们要感谢的,有如下人士:M.G.上校(感谢他的盛情招待)、科林、弗兰克、约翰·H.、大卫、乔治·F.、麦克、埃里克、帕特、吉米、高哲思、菲利普、唐纳德、罗尼、罗伊、德基、马丁、奥哈拉、诺埃尔、亚历克、克里、纳瑞斯、吉姆·K.、威利、斯蒂芬、罗杰、约翰·W.、道格拉斯、约翰·F.。

上述各位人士中有二十四位曾经参与过攀爬行动,或者在攀爬现场为我们拍摄过照片。除了他们以外，当然还有其他人给予我们友善的同情与帮助。曾有六个家庭随时欢迎我们的光临，为我们提供住宿。还有好心的老师、保安、警察，以及在一些特殊情况下帮助过我们的陌生人。感谢他们！此情无以言表。

作者们，写于 1937 年